Marlene Pfaffenzeller

Todesangst und Überleben nach extremer Gewalt

Marlene Pfaffenzeller

Todesangst und Überleben nach extremer Gewalt

Interviews mit traumatisierten Menschen in der Türkei, Südamerika und Ruanda

Kulturmaschinen

– Nein – sagte ich, – nein, ich habe nie gebeichtet.

– Hast du niemals den Wunsch, den Drang empfunden, dein Herz gegen ein anderes Menschenwesen zu öffnen?

– Ja – sagte ich, ich habe stets darunter gelitten, dass ich mein Herz nicht gegen einen anderen Menschen öffnen kann, ich bin oft nahe daran gewesen, es zu tun, aber ich habe niemals irgendjemandem mein Herz geöffnet.

– Niemandem? – fragte meine Mutter …

– Nicht einmal während des Krieges? – fragte meine Mutter

– Nein –

– Nicht einmal im Gefängnis?

– Nein – antwortete ich, niemals. Und niemandem

Curzio Malaparte: Der Zerfall

Zweite Auflage
April 2020

Kulturmaschinen Verlag
Ein Imprint der Kulturmaschinen Verlag UG (haftungsbeschränkt)
20251 Hamburg
www.kulturmaschinen.com

Die Kulturmaschinen Verlag UG (haftungsbeschränkt)
gehört allein dem Kulturmaschinen Autoren-Verlag e.V.
Der Kulturmaschinen Autoren-Verlag e.V. gehört den AutorInnen.
Und dieses Buch gehört der Phantasie, dem Wissen
und der Literatur.

Umschlagabbildung: Fotografie von Marlene Pfaffenzeller
Umschlaggestaltung und Satz: Andrea Deines
Hinterlegt in BoD (Libri)

ISBN 978-3-96763-122-7 (kart.)
ISBN 978-3-96763-123-4 (geb.)
ISBN 978-3-96763-124-1 (ePUB)

Zum Geleit

Wer geglaubt hat, dass bewaffnete Konflikte nach dem Schrecken des Zweiten Weltkrieges und Gründung der UNO der Vergangenheit angehören würden, sah sich bitter getäuscht.

Die Zahl der Kriege, Bürgerkriege und anderer gewaltsamer Auseinandersetzungen hat in der zweiten Hälfte des 20. Jahrhunderts bis heute eher noch zugenommen. Nie zuvor gab es weltweit so viele Flüchtlinge vor Krieg und Gewalt wie heute. Die meisten von Ihnen sind durch die erlittenen Gräueltaten schwerst traumatisiert. Die Rückkehr in ein normales Leben wird ihnen durch die Umstände der Flucht und durch bürokratische Hindernisse erschwert oder gar unmöglich gemacht Darüber hinaus werden die Folgen der traumatischen Erlebnisse vielfach transgenerationell weiter gegeben.

Marlene Pfaffenzeller hat in ihrer neurologisch-psychiatrischen und psychoanalytischen Praxis etwa 20 Jahre lang mit vielen traumatisierten Kriegsflüchtlingen gearbeitet.

Während der Praxistätigkeit und nach der Aufgabe der Praxis aus Altersgründen ist sie mehrfach in die Ost-Türkei, den Nord-Irak, Kolumbien und Ruanda gereist, um traumatisierte Menschen vor Ort zu Wort kommen zu lassen.

Auf diese Weise ist ein einzigartiges Dokument entstanden, das den Stimmlosen eine Stimme gibt und vielleicht Politiker und andere Entscheidungsträger zum Nachdenken oder gar zum Handeln veranlasst.

Dr. Waltraut Wirtgen

Vorwort

Die Idee zu dieser Dokumentation entstand, nachdem ich meine Facharzt-Praxis für Neurologie und Psychiatrie aufgegeben hatte. Schätzungsweise achtzig Prozent meiner Patienten hatten keine deutschen Wurzeln, und aufgrund meiner Erfahrungen mit all jenen, die man auf vielfältige Weise zum Schweigen gebracht hatte, wollte ich ihnen eine Stimme geben. Das vorliegende Buch hat daher nicht den Anspruch, ein wissenschaftliches Werk zu sein. Aber es soll einen Anstoß geben, wie mit schwer traumatisierten Menschen – und um diese handelt es sich hier vor allem – umgegangen werden muss, damit sie wieder einigermaßen Anschluss an ein sinnvolles Alltagsleben finden können.

Auf die Frage, warum mich Menschen aus anderen Ländern so sehr interessieren, kann ich keine klare Antwort geben. Die Ursache mag in meiner Kindheit im Nachkriegsdeutschland liegen. Damals begann ich wahrzunehmen, dass Unterschiede zwischen den Menschen gemacht werden und ein Gespür dafür zu entwickeln.

Die ersten Fremden, denen ich als Kind begegnete, waren Engländer, die so genannten Besatzer. Die wenigen nicht zerstörten oder beschädigten Häuser in unserer Nachbarschaft in Gütersloh, britische Besatzungszone, waren von ihnen bewohnt. Ich musste feststellen, dass nicht nur die andere Sprache uns von ihnen unterschied, nein, sie durften in das Schwimmbad, was uns deutschen Nachkriegskindern bis 1950 ohne Begründung verboten war. Sie trugen bessere Kleidung und nicht wie wir fürchterlich kratzende Wollstrümpfe und Holzschuhe! Ich merkte an vielen Dingen, dass sie irgendwie ›besser‹ waren als wir. Aber immerhin galten sie nicht als gefährlich. Ganz anders die Russen. Gesehen habe ich damals nie einen, aber was von ihnen erzählt wurde, war so schrecklich, dass man Albträume davon bekam. Auch später im Schulunterricht ließen die Lehrer kein gutes Haar an ihnen. Die Amerikaner bekam ich auch nie zu Gesicht. Aber immerhin war wohl die Schokoladensuppe, die es manchmal in der Schule gab, von den Amerikanern. Also konnten sie eigentlich nicht schlecht gewesen sein.

Die Schauergeschichten über die Russen blieben in meinem Kopf und sorgten für eine latente Neugier. Später begann ich Bücher zu lesen, die Russen geschrieben hatten und russische Musik zu hören. Und obwohl ich immer noch keinen Russen kennengelernt hatte, war ich sicher, dass Menschen, die solche mich tief berührende Bücher schreiben und solche Musik machen konnten, keine Ungeheuer waren. Mitte der sechziger Jahre sparte ich Geld für meine erste weite Reise, die mich nach Moskau führte. Tatsächlich begegnete ich dort statt Monstern sehr freundlichen und neugierigen Menschen.

Das Thema Folter begegnete mir zum ersten Mal – ich weiß nicht mehr, wie alt ich war – als ich im Bücherregal meines Großvaters auf ein dickes Buch mit grünem Einband stieß. Ich hatte wahrscheinlich gerade erst lesen gelernt. Es war ein Buch über das Mittelalter voller Abbildungen, die mich starr vor Entsetzen machten. Am Schlimmsten fand ich die Abbildung eine Mannes, der auf ein Rad geflochten und dessen Gesicht ein einziger Schmerzensschrei war. Meine Großmutter, der ich völlig verstört das Bild zeigte, nahm mir das Buch aus der Hand und sagte tröstend, solche schrecklichen Dinge gebe es schon lange nicht mehr, so etwas sei vor hunderten von Jahren geschehen, heute seien die Menschen anders. Niemand sagte mir, dass erst wenige Jahre vergangen waren seit in Europa unvorstellbare Grausamkeiten begangen worden waren und dass die Täter wir waren, die Deutschen! Ich begann mich zu fragen, was Menschen dazu bringt, andere Menschen zu quälen. Ich fand viele Erklärungen, aber keine klaren Antworten. Nach und nach erkannte ich, dass man Folter lernen konnte wie einen Beruf.

Nach der Abgabe meiner Nervenarzt- und Psychiatrie-Praxis blieb ich mit den vielen Lebens- und Leidensgeschichten zurück, die ich im Laufe der Jahre gehört und nachempfunden hatte und die ich nicht vergessen konnte. Der Schwerpunkt meiner Praxis hatte fast zwanzig Jahre lang in der Arbeit mit traumatisierten Flüchtlingen aus verschiedenen Ländern und Kulturen gelegen. Unter permanentem Zeitdruck – wegen der Fülle der Arbeit – war mir kaum Zeit geblieben, mich eingehend mit dem Einfluss des kulturellen Hintergrunds auf die Verarbeitung extrem traumatischer Erfahrungen zu beschäftigen. Trotzdem habe ich, in meiner ›Urlaubszeit‹, immer die Möglichkeit gesucht, in die Herkunftsländer meiner Patienten zu reisen und mit Kollegen vor Ort zu sprechen. Die Kontakte, die mir aus dieser Zeit blieben, wollte ich nun nutzen, um der Frage nachzugehen, wie Menschen aus unterschiedlichen Kulturkreisen eine schwere Traumatisierung verarbeiten, besonders dann, wenn sie nicht die Möglichkeit hatten, aus dem traumatisierten Umfeld zu flüchten oder dieses auch bewusst nicht wollten.

Ich führte Gespräche mit Menschen im Orient (Ost-Türkei, Kurdistan), in Kolumbien, in Argentinien und in Ruanda. Die Auswahl der Länder ergab sich nicht ganz zufällig. Einblicke in die Schicksale der Menschen in der Ost-Türkei bekam ich durch meine Patienten. Die intensive Beschäftigung mit Kolumbien und Argentinien ergab sich durch private Verbindungen und zahlreiche Reisen.

Persönlich habe ich übrigens eine besonders intensive Beziehung zu Kolumbien, die sich freilich eher zufällig entwickelt hat: Mein jüngerer Sohn reiste Mitte der 90er Jahre durch mehrere Länder Lateinamerikas. Und wie nicht selten auf solchen Reisen, traf er auf Menschen, zu denen die Beziehungen intensiver wurden. So kam es, dass er schließlich in Kolumbien blieb, ein kleines Stück Land kaufte und eine Familie gründete. Ich besuchte ihn, so oft es mir möglich war. Menschen, Tiere und die Landschaft wurden mir immer vertrauter und ich glaube, dass ich mich mit der Zeit in diese Gegend der Welt verliebt habe. Menschen dort erzählten phantastische Geschichten von Kobolden, die die Menschen necken und ärgern, aber ihnen auch helfen und von Geistern und Seelen, die nicht zur Ruhe kommen, durch das Tal fliegen und als Lichterscheinungen gelegentlich sichtbar werden. Immer wieder gab es Dinge, die ich als naturwissenschaftlich denkender Mensch nicht glaube, die aber trotzdem irgendwie atmosphärisch vorhanden waren und mich seltsam berührten.

Und dann die Tierwelt! Raubvögel wie Weißkopfadler und majestätisch segelnde Geier spielen mit den Aufwinden aus dem Tal. Daneben gibt es zahlreiche bunte Vögel, die in den Abendstunden von Fledermäusen abgelöst werden. Mannigfaltig, oft skurril, für Mitteleuropäer unvorstellbar laut, zeigte sich mir die Welt der Insekten. Einige von ihnen leuchteten abends sehr hell zwischen Gräsern, Büschen und Bäumen. In sternklaren Nächten schien es, als ob sie sich unter das funkelnde südliche Firmament mischen wollten. An keinem anderen Ort habe ich so intensiv den Atem der Erde, der *pacha mama* gespürt, mal heiß, manchmal feucht und kühl, manchmal stockend, aber immer meint man, seinen Geruch zu spüren. Er riecht nach einer Mischung aus würzigen Kräutern, Kaffeeblüten, Holzkohle und Pferdemist. Diesen so typischen Geruch habe ich sonst nirgendwo auf der Welt gefunden.

Unten im Tal, etwa 400 Meter tiefer, fließt der Magdalena, der größte Fluss Kolumbiens, als noch junger, reißender Gebirgsbach. Sein Rauschen ist bis auf unser kleines Stück Land zu hören. Seine Quelle ist eine Lagune in über 3600 Metern Höhe, die fast immer Nebelschwaden gehüllt ist. Wie viele Leichen dieser Fluss auf seinem fast 2000 km langen Weg in die Karibik schon mitgenommen hat, bleibt sein Geheimnis. In Kolumbien herrscht Gewalt. Auch die kleine Finca meines Sohnes blieb davon nicht verschont. So hatten sich etwa zwischen den Jahren 2000 und 2004 die lokalen Machtverhältnisse vor Ort verändert. Nach mehreren bewaffneten Überfällen verließ mein Sohn das Land. Die Finca blieb unbewohnt zurück und wurde von der Wildnis erobert. Ich besuchte sie nur noch selten und für kurze Zeit. Nachbarn hatten den Zugang mit Gestrüpp verschlossen, um Eindringlinge abzuhalten. Das Haus verfiel mehr und mehr. Wege waren nicht mehr zu erkennen. Und bei den Menschen, die dort geblieben waren, weil es hier seit Generationen ihre Heimat war und sie keine andere Alternative hatten, verspürte ich ein Gefühl latenter Angst. Im Jahre 2008 begann die Erde zu brechen, nachdem ein Teil des Hanges auf einer Breite von etwa 30 Metern nach langen Regenfällen ins Tal gerutscht war. Da beschloss ich, das Land nicht aufzugeben und es mit Hilfe der Einheimischen zu retten. Wir pflanzten Bäume, leiteten das Regenwasser durch Drainage-Gräben um und hofften dadurch, die *pacha mama* zu beruhigen. Seither gab es tatsächlich keine großen Bewegungen mehr. Aber irgendwann wird sie sich wieder rühren und das Land umgestalten, wie sie es seit Jahrtausenden getan hat. Die größere Bedrohung kommt inzwischen von einer ganz anderen Seite. Die kolumbianische Regierung, finanziert von ausländischen Investoren, plant das obere Magdalena-Tal zu fluten, um eine immense Talsperre zu errichten. Für die Energieerzeugung soll das Land samt seiner seltenen Tierarten und den Überresten einer uralten Kultur (aus der Vor-Inka-Zeit) geopfert werden! Da mir Kolumbien inzwischen zur zweiten Heimat geworden ist, in die ich jährlich vor dem deutschen Winter fliehe, habe ich mich dem Widerstand gegen den geplanten Staudamm angeschlossen.

Nach Ruanda trieb mich die bloße Neugierde. Mein Großvater lebte vor über hundert Jahren als Gärtner in Deutsch-Ost-Afrika. Als ich noch sehr klein war, erzählte er mir viel davon und zeigte mir faszinierende Dinge, die er aus Afrika mitgebracht hatte. Da waren hinter Glasplatten farbenprächtige riesengroße Schmetterlinge aufgespießt. Ich fand sie wunderschön, war aber auch traurig, dass sie nicht mehr fliegen konnten. Es gab kleine schwarze Elefanten mit echten Elfenbeinzähnen. Und es gab Fotos. Darauf war mein seit dem Ersten Weltkrieg einarmiger Großvater noch mit beiden Armen zu sehen, unmittelbar links und rechts von ihm standen zwei Hunde, drum herum lauter ›Neger‹ wie er sagte, die *Eingeborenen*. So entstand also schon in meiner Kindheit der Wunsch, Afrika zu bereisen. Nach Ruanda kam ich schließlich über einen Kollegen, der dort arbeitete und mir mit seinen Kontakten und Erfahrungen bei meinem Vorhaben sehr geholfen hat.

Im Vorfeld dieser Arbeit habe ich lange über eine geeignete Vorgehensweise nachgedacht. Mein wichtigstes Anliegen war es, die Menschen, mit denen ich sprechen wollte, mit ihrer persönlichen Geschichte in den Mittelpunkt zu stellen, um

Mein Großvater vor über 100 Jahren in Deutsch-Ost-Afrika

ihnen zu zeigen, dass sie mir wichtig sind und dass ich ihnen eine Stimme geben möchte, damit auch andere Menschen ihre Geschichte erfahren. Außerdem war und ist es mein Wunsch, durch möglichst vielschichtige Informationen über Menschen aus Krisengebieten mehr Verständnis für die zu wecken, die ihre Heimat unter oft extrem grausamen Bedingungen verlassen mussten und die bei uns willkommen geheißen werden möchten.

Zunächst hatte ich einen Fragebogen für die Gespräche entworfen, um vergleichbare Voraussetzungen für eine mögliche Auswertung zu schaffen. Dann hielt ich es für besser, die Menschen frei reden zu lassen und sie wortwörtlich wiederzugeben. Beides erschien mir in der Praxis jedoch nicht sinnvoll. Mit dem Fragebogen wären die unterschiedlichen Hintergründe der Betroffenen möglicherweise verloren gegangen. Bei einer ganz freien Berichterstattung wären zu viele Fragen offen geblieben.

Eine weitere Schwierigkeit war, dass alle Gespräche mit Übersetzungshilfe geführt wurden. Am einfachsten war es in den spanischsprachigen Ländern, da ich viel spanisch verstehe, leidlich spanisch spreche und mein Mann, der fließend spanisch spricht, bei allen Gesprächen anwesend war und als Übersetzer zur Verfügung stand. Schwieriger war es in der Türkei. Durch jahrelange Arbeit mit türkisch sprechenden Patienten ist mir die Sprache zwar vertraut und ich habe einige Worte gelernt, aber das war bei weitem nicht ausreichend. Schließlich half mir Hatice. Sie ist Englischlehrerin in Diyarbakir und hat beim Goethe-Institut etwas Deutsch gelernt. Ich kenne sie seit meinem ersten Besuch in der Türkei 1996. Sie übersetzte für mich vom Türkischen ins Englische.

Am Kompliziertesten wurde es in Ruanda, wo nicht nur die Sprache, sondern auch der unterschiedliche Umgang mit Emotionen bei den Interviews eine Rolle spielte. Hier war mir Sylvain, den ich 2005 zum ersten Mal getroffen habe, eine große Hilfe. Er übersetzte die Gespräche aus dem dort gesprochenen Kinyarwanda ins Englische.

Letztlich entschied ich mich dann doch dafür, meine Gesprächspartner/innen möglichst frei erzählen zu lassen, nachdem ich ihnen erklärt hatte, wer ich bin und was mein Anliegen ist. Wo es mir sinnvoll erschien, stellte ich gelegentlich Zwischenfragen. Aus meinen Aufzeichnungen erstellte ich zeitnah einen Fließtext, der den Gesprächsinhalt so authentisch wie möglich wiedergibt. Als Ergänzung zu den Gesprächen habe ich versucht, die Lebensbedingungen der interviewten Menschen mit Hintergründen und Auswirkungen zu beschreiben, um ein möglichst nachvollziehbares Gesamtbild zu vermitteln.

Alam

Alam lernte ich ganz zu Beginn meiner Praxistätigkeit kennen, zu einer Zeit, als ich persönlich noch keine praktische Erfahrung mit Flüchtlingen aus anderen Ländern hatte.

Als ich Alam zum ersten Mal sah, wusste ich nichts über ihn. Er war eher klein, noch relativ jung, sah orientalisch aus, wirkte gepflegt und insgesamt unauffällig bis auf die fast vollständig fehlenden Zähne und die großen traurigen Augen. Er hatte Angst vor der drohenden Abschiebung nach Bangladesh und wollte nicht im Heim für Asylbewerber schlafen. Ich nahm ihn in unsere Wohnung auf, ohne lange zu überlegen, und so lernte ich ihn und durch ihn die Flüchtlingsproblematik kennen.

Viel Zeit blieb nicht, etwas über seine persönliche Geschichte zu erfahren, denn nach wenigen Tagen wurde er bei einem Treffen mit seinem Anwalt festgenommen und in den Abschiebe-Gewahrsam gebracht. Das zweite Mal sah ich ihn hinter einer Glasscheibe. Ein Gespräch war kaum möglich, aber seine Augen sagten mehr als manche Worte.

Schließlich hielt er den Stress nicht mehr aus und stimmte einer Rückkehr in seine Heimat zu. Der Kontakt blieb durch einen intensiven Briefwechsel erhalten und so entwickelten wir den Plan, ihn legal nach Deutschland zu holen. Sämtliche bürokratischen Erfordernisse hatten wir bereits abgeschlossen, aber die Papiere gingen auf dem Weg zur Deutschen Botschaft in Dakar verloren. Ich bekam den Rat, einen Nachforschungsauftrag bei der Post einzuleiten, zog es dann aber doch vor, selbst die inzwischen neu beschafften Papiere nach Bangladesh zu bringen.

1991, kurz nach einer verheerenden Flutkatastrophe, bei der weit über 100.000 Menschen getötet und viele Millionen obdachlos geworden waren, flog ich das erste Mal nach Bangladesh. Das Land hatte seit etwa einem Jahr wieder ein demokratisches Regime.

Als ich das Flughafengebäude in Dakka verließ, sah ich mich einer unüberschaubaren Menschenmenge gegenüber. Die Geräusche waren von ungewohnter Lautstärke, Menschenstimmen, Musik, Hupen Pfeifen mischten sich, ich war verwirrt und gab es auf, hier nach einer Orientierung zu suchen. Ich weiß nicht mehr, wie lange es dauerte, bis mich zwei Arme aus der Menge zogen. Ich stand Alam gegenüber, der mich irgendwie in dem Chaos gefunden hatte.

Alam, der nicht in der Hauptstadt wohnte, erklärte mir, sein Pass sei abgelaufen und er versuche seit einiger Zeit, einen neuen Pass zu bekommen. Den bräuchte er, bevor wir mit den Papieren die Botschaft aufsuchen könnten.

Wir fanden ein Hotel für mich, und Alam suchte die Behörde auf, um den Pass zu verlängern. Das Hotel war sehr einfach und das Zimmer war außer von mir noch von einer großen Zahl Kakerlaken bewohnt. Es war schwül-heiß und von draußen kam ein beißender Gestank. Ich legte mich auf das Bett und versuchte meine Gedanken zu ordnen. Von Zeit zu Zeit kam jemand in mein Zimmer und fragte, ob ich noch genügend Toilettenpapier habe. Mir wurde langweilig und ich begann die Kakerlaken zu zählen. Am Abend kam Alam, er erklärte, die Menschenschlange vor der Passstelle sei sehr lang gewesen, er sei nicht einmal in das Gebäude gekommen, er müsse es am nächsten Tag noch einmal versuchen. Am nächsten Tag hielt ich es im Hotel nicht mehr aus und ging auf die Straße. Die Ursache des beißenden Gestanks erklärte sich durch fauliges Wasser voller Unrat direkt neben dem Hotel. Kaum auf der Straße, war ich von einer neugierigen Menschenmenge umringt und hatte plötzlich zwei Babys mit dicken Bäuchen und rötlichen Haaren auf dem Arm, die vor Angst schrien. Ich flüchtete wieder in das Hotel und wartete bis zum Abend, nur abgelenkt von Kakerlaken und Angestellten, die sich immer wieder nach meinem Toilettenpapier erkundigten. Auch am zweiten Tag war Alam nicht weiter gekommen. Am dritten Tag bestand ich darauf, ihn zu begleiten. Die Schlange vor dem Gebäude war wenig erfolgversprechend. Aber nach einigen Stunden wurden wir von einem Mann angesprochen, der bei der Behörde arbeitete und der angab, Alam flüchtig zu kennen. Allerdings schien mehr seine Neugier, was ich als einzige weiße Frau in der Schlange zu suchen habe, der Grund zu sein, weshalb er Alam ansprach. Wie auch immer, er holte uns aus der Schlange, bot uns einen Tee an und erklärte, die Deckblätter für Pässe seien ausgegangen, wenn Alam aber noch einen alten Pass habe, könne er nur die inneren Blätter erneuern. Alam brachte die Deckblätter.Der Bearbeiter erfragte Namen und Geburtsdatum und trug alles gewissenhaft ein, ohne irgend etwas zu überprüfen. Mit dem neuen Pass und den aus Deutschland mehrfach überprüften und notariell beglaubigten Papieren konnten wir endlich zur Botschaft.

»Spricht er deutsch?« fragte die Botschaftsangestellte mich, nachdem wir unser Anliegen vorgetragen hatten.

»Ja, recht gut«, antwortete ich. Sie stellte mir noch ein paar belanglose Fragen über Alam und wollte dann etwas vorwurfsvoll wissen, warum er nicht selbst antworten würde, wenn er doch deutsch könne. Als ich ihr sagte, dass sie ja ihn gar nicht gefragt habe, sondern nur mich, nahm sie die Papiere und sagte, wir würden von der zuständigen Stelle hören. Wir hörten nie wieder etwas von irgendwem in dieser Angelegenheit.

Später heiratete Alam, wurde Vater und ging, um die kleine Familie zu ernähren, nach Süd-Afrika, wo er eine Stelle in einem Hotel fand. Er schrieb viel und ausführlich. Wann immer es möglich war, schickte er Geld für sein Kind nach Bangladesh – er sollte es nie wiedersehen. Dann schrieb er von Raubüberfällen, bei denen er mit einem Messer bedroht worden sei und alle Ersparnisse hergeben musste. Das wiederholte sich, er schrieb immer verzweifelter. Dann schrieb er nicht mehr, und die Briefe an seine Adresse kamen als unzustellbar zurück. Der Kontakt zu Alam brach Ende der 90er Jahre vollständig ab.

In meine Praxis kamen zu dieser Zeit zunehmend Flüchtlinge aus verschiedenen Ländern. Oft musste ich an Alam denken, wenn ich den Menschen zuhörte. Ich erinnerte mich an die Menschen, die mir in Bangladesh begegnet waren und an Situationen, in denen ich mich zerrissen und fremd gefühlt und mich geschämt hatte. Gut war es dann gewesen, wenn ich mit vielen anderen Menschen oben auf dem Dach eines Busses – dort gab es keine Geschlechtertrennung – durch das Land fuhr. Und wenn es dann noch in Strömen regnete und und wir uns eine Plastikplane teilten, dann fühlte ich mich als Gleiche unter Gleichen.

Bei den Begegnung mit den Flüchtlingen, die in meine Sprechstunde kamen, versuchte ich immer, mir vorzustellen, wie sie vor ihrer Flucht gelebt hatten, wie sie aufgewachsen waren, was sie geprägt hatte, aus welcher Landschaft sie kamen und vieles mehr.

Ost-Türkei mit Parallelen zu Argentinien

Seit Anfang der 90er Jahre suchten mich zunehmend Menschen auf, die aus der Ost-Türkei, dem Hauptsiedlungsgebiet der Kurden (daher auch ›Nordkurdistan‹) geflüchtet waren. Zunächst waren es wenige, aber es wurden schnell mehr. Eine ältere Frau, die seit längerer Zeit Patientin bei mir war, brachte eines Tages zwei junge Männer, die kein Wort deutsch sprachen, zu mir und erklärte: »Ich habe sie in den Anlagen eines nahen Platzes kurdisch sprechen hören, und da wusste ich, dass sie Hilfe brauchen.«

Die Menschen, die zu mir kamen, berichteten von Willkür, Vertreibung, vielfältiger körperlicher Gewalt bis zu systematischer Folter und von Getöteten. Die Mehrzahl der Flüchtlinge kamen vor dem Hintergrund des türkisch-kurdischen Konflikts, der unter anderem in der von der 1923 neu gegründeten türkischen Republik geforderten Assimilation ethnischer Kurden seine Wurzeln hat. Verschärft wurde der Konflikt auch durch das sozial-ökonomische Gefälle zwischen dem Westen und dem Osten der Türkei. In den 80er und 90er Jahren des vorigen Jahrhunderts gab es die heftigsten bewaffneten Auseinandersetzungen zwischen der marxistisch-leninistisch orientierten PKK (Partiya Karkerén Kurdistan) und dem türkischen Militär.

Unter den Flüchtlingen, die in meine Praxis kamen, waren Menschen, die sich aktiv für ihre Ideen eingesetzt hatten, aber eine große Zahl von ihnen war ›nur‹ zwischen die Fronten der kämpfenden Gruppierungen geraten und hatte in diesem Zusammenhang extrem traumatische Erfahrungen machen müssen.

Aus eigener Anschauung kannte ich den Osten der Türkei zu dieser Zeit nicht. Durch intensive Gespräche mit meinem inzwischen verstorbenen Freund, dem kurdischen Kinderbuch-Autor Nazif Telek entwickelte sich in mir der Wunsch, diese Gegend mit eigenen Augen zu sehen. Nazif hatte selbst aus politischen Gründen die Ost-Türkei verlassen. Anschaulich und nachvollziehbar konnte er mir beschreiben, wie er sich in dem fremden Deutschland nach seiner Ankunft gefühlt hatte, wie er den Alltag erlebt und wie sehr er unter dem Verlust seiner Heimat gelitten hat. Diese Thematik wurde auch immer wieder zum ergreifenden Inhalt seiner Bücher.

Nazif Telek stammte aus Bitlis, etwa 100 km nordöstlich von Diyarbakir, er beschrieb mir eine Landschaft von wilder Schönheit mit vielfältigen Überresten alter Kulturen

Schäfer in den Bergen bei Bitlis (2003)

und Kunstschätzen auf der einen Seite, und unvorstellbarem menschlichen Leid durch gewalttätige Auseinandersetzungen, Überwachung, Unterdrückung, Willkür und Verfolgung auf der anderen Seite.

Im Herbst 1996 bin ich dann zum ersten Mal in den Osten der Türkei gefahren. Ich wollte wissen, wie die Menschen dort leben.

Ich flog mit meinem Mann nach Adana, von dort ging es, wann immer möglich weiter mit einem Bus und wenn in der Gegend aufgrund der Ausnahmesituation kein Bus fuhr, reisten wir mit einem Taxi weiter über Diyarbakir, Bitlis, Ahlat nach Dogobayazit und von dort zurück in den Westen der Türkei. Straßensperren und Militärkontrollen prägten das Bild. In Diyarbakir sprach ich mit Mitarbeitern einer Menschenrechtsorganisation und erhielt von ihnen Informationsmaterial über Menschenrechtsverletzungen dieser Region.

Schädel eines Ermordeten, von der Menschenrechtsstiftung in Diyarbakir zur Verfügung gestellt (wahrscheinlich 2005)

Je weiter wir nach Osten kamen, umso bedrohlicher erlebte ich die Situation. Einige Straßen waren gesperrt. Es fuhren nur noch wenige Busse. Ein Taxifahrer fuhr und begleitete uns einige Tage. Er erklärte mir, dass die Realität viel schlimmer sei, als in den Dokumentationen beschrieben.

Als ich einen ausgedienten NVA-Panzer kurz hinter der Stadt Tatvan fotografieren wollte, machte er mir mit wenigen Brocken Englisch und Gesten klar, dass ich das als Ausländerin wohl überleben könne, er aber nicht. Ich ließ es. Wenig später kamen wir in eine der zahlreichen Militärkontrollen und wurden durchsucht. Der Taxifahrer und mein Mann mussten aussteigen, und sie wurden am ganzen Körper abgetastet und durchsucht. Ein Militärangehöriger setzte sich zu mir in das Auto und durchwühlte mein Gepäck. Mein Versuch, seine Hände von der Tasche mit den Informationsschriften zu schieben, misslang, er war stärker. Er fand die Schriften aus Diyarbakir. Er sah sie kurz an, lächelte mir überraschend zu und ließ uns weiter fahren.

Trotz der allgegenwärtigen Zeichen politischer Ausnahmesituation berührten mich die Menschen in ihrer Freundlichkeit, die Schönheit der Landschaft und die alten Kunstschätze intensiv und nachhaltig. Besonders die Stadt Ahlat am Westufer des Van-Sees ist mir bis heute als einer der schönsten Orte, die ich auf Reisen kennen gelernt habe, in Erinnerung geblieben. Der fast 1.000 Jahre alte Seldschuken-Friedhof mit seinen zahlreichen verzierten hohen Grabsteinen am Fuße schneebedeckter Berge auf der einen Seite der Straße und der ständig mit wechselndem Tageslicht seine Farbe verändernde Van-See mit alkalischem Wasser auf der anderen Straßenseite sind einfach atemberaubend schön.

Die Fahrt ging weiter durch dünn besiedelte Landstriche, vorbei an ockerfarbenen Dörfern, deren kleine Häuschen fast

Alter Seldschuken-Friedhof bei Ahlat (2008)

in der Farbe in der Landschaft untergingen. Die bunten Kleider der Frauen und Mädchen, die sich dann und wann am Straßenrand zeigten und der tiefblaue Himmel hoben sich malerisch von der Eintönigkeit der Landschaft ab. Und immer wieder musste ich an meine Patienten denken, von denen einige diesem Bild entsprungen zu sein schienen und die sich nun nach leidvollen und nicht selten lebensbedrohlichen Erfahrungen in dem so ganz anderen Deutschland zurecht finden mussten. Viele meiner nach Deutschland geflüchteten Patienten hatten Schwierigkeiten, ihr Verfolgungsschicksal vor den Behörden darzustellen, vielen wurde nicht geglaubt, und nicht wenige hatten nach ihren Erlebnissen in der Heimat Angst, die Wahrheit zu sagen.

Bei einer meiner Reisen in die Türkei habe ich dann auf Bitten einer geflüchteten Familie deren Heimatort aufgesucht, um mir ein Bild von der Situation in diesem Ort zu machen und um, wenn möglich, Bekannte und Verwandte nach den Hintergründen der Flucht zu befragen. Der kleine Ort liegt auf dem Tur Abdin, östlich von Mardin, unweit des alten aramäischen Klosters Mor Gabriel mit seinen wunderschönen, zum

Teil gut erhaltenen Fresken. Der Ort war trotz guter Landkarte nicht leicht zu finden, wir mussten mehrfach fragen, bis wir am Ziel waren. Am Ortseingang liegt ein Friedhof, den wir uns ansahen, als ein Mann auf uns zu kam. Da er unsere deutsche Autonummer gesehen hatte, sprach er uns auf Deutsch an, er habe längere Zeit in Deutschland gearbeitet, erklärte er und fragte, woher wir kämen und was unser Anliegen sei. »Ja, dort oben ist das Dorf, das Sie suchen, aber die Menschen dort sind verängstigt, sie werden bestimmt nicht sprechen«, erklärte er uns. Es habe in den letzten Jahren Auseinandersetzungen und Tote gegeben, aber er selbst sei nicht von hier und könne nichts genaues sagen.

Als wir im Ort ankamen, wurden wir von den Dorfbewohnern mit einer Mischung aus Skepsis und Neugier begrüßt. Sie brachten uns aufgeschnittene Melonen. Auf unsere Fragen erhielten wir ausweichende Antworten. Sie waren freundlich aber distanziert. Ob sie den Mann auf dem Foto kennen? – Hm, der sieht so aus wie der Herr B. – aber der ist schon lange nicht mehr hier – nein, Genaues wisse man nicht. Auf die Frage, warum so viele Häuser des Dorfes zerstört seien, kam die Antwort, das war schon immer so, das kommt vom vielen Regen. Plötzlich verstummten sie, denn es fuhr ein Militärfahrzeug voller Soldaten mit aufgepflanzten Gewehren vorbei. Wir versuchten weiter Antworten zu bekommen, aber unsere Dolmetscherin wurde nervös. »Sie sagen nichts, obwohl man merkt, dass sie etwas wissen«, erklärte sie uns. Und wieder fuhr ein Militärfahrzeug voller Soldaten vorbei. Es wurde spät, und da wir vor Einbruch der Dunkelheit die Hauptstraße erreichen wollten, verabschiedeten wir uns. Die Menschen hatten uns wenig gesagt aber nonverbal trotzdem viel mitgeteilt.

Etwa zwei Jahre später wurde ich bei einem weiteren Besuch der Ost-Türkei an diese Erfahrung erinnert. Ich besuchte

Yesilli, das so genannte arabische Dorf. Es liegt etwas nordöstlich von Mardin, einer uralten Stadt mit einer bezaubernden orientalischen Atmosphäre. Mardin ist die Heimat von Kurden, Arabern, christlichen Aramäern und Yesiden. Die Altstadt liegt auf einem Hügel. Von oben lässt sich die weite mesopotamische Ebene überblicken. Das malerische Bild ändert sich, wenn man nach Yesilli kommt. Vielleicht war es auch die Jahreszeit, die den tristen Eindruck verstärkte.

Yesilli, Ort in der Nähe von Mardin (2006)

Es war ein schneereicher Winter in der Türkei und auch hier im Süden hatte es geschneit, aber der Schnee war geschmolzen, es war grau und nasskalt. Das sogenannte arabische Dorf besteht eigentlich aus vielen kleinen Dörfern, die Landschaft wirkt zersiedelt und ärmlich. Ein junger Patient von mir war hier geboren. Er hatte aber nur die ersten Monate seines Lebens hier verbracht, bevor seine Eltern mit ihm nach Deutschland geflüchtet waren. Nachdem er volljährig geworden war, wurde er gegen seinen Willen in seine ›Heimat‹ zurückgeschickt. Die Sprache kannte er so gut wie gar nicht und außer entfernten Verwandten gab es keine Anknüpfungspunkte. Er schilderte mir seine Rückkehr als einzige Tortur. Verhöre durch Polizeikräfte, Fragen, die er nicht verstand und nicht beantworten konnte, brutale Schläge und schließlich die Bewusstlosigkeit, aus der er in einer unbekannten gebirgigen Gegend zu sich kam. Dann die erneute Flucht zu den Eltern, die mit Hilfe aus Deutschland und Unterstützung der entfernten Verwandten organisiert worden war. Er zeigte mir seinen Rücken, der mit Spuren äußerer Gewalt übersät war. Bilder mit ähnlichen Spuren an gefolterten Menschen kannte ich aus dem Material der Menschenrechtsstiftung in Diyarbakir.

Mein Versuch, etwas über seinen Aufenthalt in der Türkei zu erfahren, ließ mich mit mehr Fragen, als Antworten zurück. Die entfernten Verwandten konnte ich telefonisch erreichen, aber sie hatten Angst uns zu treffen und wollten auch nicht reden. Bei der Menschenrechtsstiftung erklärte man mir, es gebe noch immer Folter, noch immer würden Menschen einfach verschwinden. Nicht alle Fälle seien dokumentiert.

Als ich den Fall des jungen Mannes direkt ansprach und Fragen stellte, änderte sich das Verhalten meines Gesprächspartners schlagartig von freundlich zu sehr distanziert. Nein, zu Einzelfällen könne er nichts sagen. Von dem Fall habe er nichts gehört. Möglicherweise habe der Mann sich die Verletzungsspuren auch selbst beigebracht. Das Bild, was ich ihm zeigte, würde nichts beweisen. Auf meinen Einwand, dass es ja technisch nicht möglich sei, sich selbst breite, waagerechte parallel laufende Schlagspuren über den gesamten Rücken zuzufügen, entgegnete er, er habe sich ja auch von anderen schlagen lassen können, um als Opfer zu erscheinen. Sichtlich nervös versuchte er das Gespräch schnell zu beenden.

Als ich wenig später in Diyarbakir von dieser Situation berichtete, wurde mir als mögliche Erklärung angeboten, dass auch Mitarbeiter der Menschenrechtsstiftungen gefährdet seien, wahrscheinlich habe mein Gesprächspartner selbst Angst vor Repressalien gehabt. Dieses Erlebnis beschäftigt mich bis heute, weil so viele Fragen unbeantwortet geblieben sind.

Nach meiner ersten Reise im Jahre 1996 habe ich im Abstand von jeweils zwei Jahren die kurdischen Gebiete im Osten der Türkei und zweimal den Norden des Irak bereist und weitere Eindrücke gesammelt. Durch diese zum Teil sehr belastenden und auch bedrohlichen Erfahrungen, die von spürbarer Angst und zum Teil quälenden Schweigen der Menschen geprägt waren, gelang es mir, die Schilderungen meiner Patienten besser zu verstehen und mich besser in sie einzufühlen.

Rein äußerlich hatte sich die Lage im Land etwa sei dem Jahr 2000 verändert.

Im Juni 1999 wurde der PKK-Gründer und ihr unbestrittener Anführer Abdullah Öcalan zum Tode verurteilt. Das Urteil wurde später auf Druck vieler europäischer Regierungen in lebenslange Haft umgewandelt. Zur selben Zeit verstärkte die türkische Regierung ihre Anstrengungen zum Beitritt in die EU, ihr Image vor allem in Bezug auf die Situation der Menschenrechte musste verbessert werden. Die offene Gewalt, Bedrohungen und auch die Straßensperren mit starkem Militäraufgebot verschwanden nach meinem Eindruck mehr und mehr aus der Öffentlichkeit. Aber in dem Erleben und in den Gesprächen mit Betroffenen und ihren Erinnerungen, aber auch in aktuellen Erfahrungen blieben sie präsent.

Erste Gespräche für die Dokumentation in der Ost-Türkei Mitte Oktober 2011

Zu diesem Zeitpunkt war der seit ca. 30 Jahren anhaltende Konflikt zwischen PKK und Regierungstruppen wieder eskaliert. Das türkische Fernsehen berichtete fast ununterbrochen von einem Überfall durch die PKK mit 29 Toten in der Gegend von Sirnak. Gleichzeitig gab es Meldungen über einen Einmarsch türkischer Einheiten in den Nordirak. Die Stimmung war angespannt. Der Lärm der Tag und Nacht in Richtung Süd-Ost startenden Militärflugzeuge unterstrich das bedrohliche Klima.

Durch Vermittlung der örtlichen Menschenrechtsstiftung und von privaten Kontaktpersonen wurde ich mit den Menschen bekannt gemacht, deren persönliche Berichte ich hier wiedergeben möchte.

Gespräch mit Mehmet,* einem 36-jährigen Mann, im Oktober 2011

Ich bin heute 36 Jahre alt. Aufgewachsen bin ich in einem Dorf in der Nähe von Diyarbakir. Meine Kindheit habe ich mit sieben Geschwistern verbracht. Die Grundschule habe ich fünf Jahre lang besucht. In meiner Kindheit und frühen Jugend gab es keine schweren seelischen Belastungen und auch keine schweren körperlichen Erkrankungen. Geheiratet habe ich nie und so habe ich auch keine Kinder. Ich lebe allein.

Mit 16 Jahren verließ ich mein Dorf, um den politischen Kampf aufzunehmen. Ich ging also in die Berge. In meiner Erinnerung war diese Zeit die schönste meines Lebens. Meine Gruppe zog sich immer wieder über die Grenze der Türkei in

Nachbarländer zurück und agierte von dort aus. Später wurden wir von Einheimischen verraten und in der Nähe der Grenze in Syrien festgenommen. Wir waren vier Leute und da wir keine Waffen trugen, gaben wir uns als Schmuggler aus. Einer von uns hatte nach heftigen Schlägen bei den ersten Verhören solche Angst, dass er redete und unsere Identität preisgab.

Wir wurden danach tagelang brutal und systematisch gefoltert. Wir konnten nicht länger standhalten und gaben an, für den politischen Einsatz in Europa vorbereitet worden zu sein. Doch man glaubte uns nicht, wir wurden an verschiedene Orte gebracht und über einen Zeitraum von 82 Tagen weiter gefoltert. Die Foltermethoden waren so hart, dass sie nicht von allen überlebt wurden. Danach wurde ich an die Türkei ausgeliefert. Auch hier wurde ich gefoltert, aber da die Türkei 2005 in Beitrittsverhandlungen mit der EU war, waren die Foltermethoden weniger brutal. Der Prozess wurde mir schließlich in Adana gemacht und ich wurde zu 6 Jahren und drei Monaten Gefängnis verurteilt. Wegen guter Führung wurde ich dann nach 4 Jahren und 8 Monaten Haft entlassen.

Seit der Entlassung aus dem Gefängnis fühle ich mich ständig in Gefahr und bleibe am liebsten Zuhause. Irgendwie fühle ich mich noch immer wie im Gefängnis; wenn ich Soldaten oder Polizisten auf der Straße sehe, gerate ich in Panik.

Im Gefängnis konnte ich lesen, jetzt geht das nicht gut, ich kann mich nicht richtig konzentrieren. Ich habe ein totales Misstrauen gegenüber anderen Menschen, auch gegen Ärzte. Deshalb habe ich bisher keine Therapie gemacht. Es hilft mir aber, wenn ich mit Freunden spreche.

Ich glaube nicht an Gott, ich bin Atheist.

Ich leide unter Magenschmerzen, Rückenschmerzen und zeitweise unter Kopfschmerzen. Bei jeder Unterhaltung bin ich angespannt und habe Angst, etwas Falsches zu sagen.

Früher hatte ich Mitleid mit Menschen, denen etwas Schlimmes passiert, heute ist das anders, nachdem ich mit ansehen musste, dass auch Frauen und Kinder misshandelt wurden, ist die Brutalität für mich das Normale.

Wenn ich über meine Zukunft nachdenke, komme ich zu der Einschätzung, dass das Leben des Einzelnen nicht so wichtig ist, wichtig ist das soziale Leben. Die Situation wird aber aktuell wieder schlechter.

Ich bereite mich zurzeit auf einen höheren Schulabschluss vor. Mein Wunsch ist es, dabei zu helfen, den Analphabetismus auf dem Land zu senken.

Gespräch mit Murat,* einem 47-jährigen Mann, im Oktober 2011

Ich bin verheiratet und habe 8 Kinder, von denen jetzt fünf schon verheiratet sind. Ich besitze ein kleines Stück Land zwischen Felsen und auf kargem Boden. Aufgewachsen bin in einem Dorf, die Grundschule besuchte ich fünf Jahre lang. Ich kann mich an keine schweren Krankheiten oder andere schwere Belastungen in meiner Kindheit erinnern.

Der Krieg hier muss aufhören, meine Eltern und Großeltern sind durch den Krieg umgekommen.

Ich bin Kurde. Die Türken wollten mich 1990 zum Dorfschützer (von der türkischen Regierung beauftragter Bewacher eines Dorfes) machen. Zwei Monate habe ich diese Tätigkeit ausgeübt und dann habe ich damit aufgehört, weil ich nicht gegen mein eigenes Volk arbeiten wollte. Danach begannen meine Probleme. Von Seiten der türkischen Spezialeinheiten wurden mir die Fragen gestellt: Warum hast du mit deiner Aufgabe als Dorfschützer aufgehört? Gehörst du etwa zur PKK?

Ich wurde festgenommen und an einen besonderen Ort gebracht, der für Folter bekannt war. Ich kann mich nicht an alle Einzelheiten der Folter erinnern, aber ich erinnere mich an Todesdrohungen, Elektroschocks und Palästinenser-Haken. (Anmerkung der Autorin: So nennt man in der Türkei das Aufhängen an den Armen, die auf dem Rücken zusammen gebunden sind)

Ich blieb dann 3 oder 4 Monate im Gefängnis. Nachdem ich in einem Prozess frei gesprochen wurde, bin ich in mein Dorf zurück gegangen.

1993 wurden große Teile unseres Dorfes niedergebrannt. Ich konnte zunächst in meinem Dorf bleiben, bin dann aber 1995 erneut verhaftet worden. Ich wurde 28 Tage lang gefoltert. Die Folter war so hart, dass einige meiner Freunde, die ein gleiches Schicksal hatten, an den Folgen gestorben sind.

Ich habe zu keinem Zeitpunkt die PKK unterstützt. Nach meiner Freilassung aus dem Gefängnis ging ich zunächst in die West-Türkei um dort zu arbeiten. Als ich 1999 in mein Dorf zurück kam, wurde ich erneut festgenommen. Nach drei bis vier Tagen auf der Polizeistation kam ich wieder ins Gefängnis, weil ein Überläufer mich beschuldigt hatte, ich hätte für die PKK Bomben gelegt. Ich wurde zu drei Jahren und vier Monaten Gefängnis verurteilt. Nach der Entlassung wurde ich ständig überwacht und war noch dreimal im Polizeigewahrsam, wo ich geschlagen wurde.

Das Schlimmste ist, dass ich durch die Folter mein Gedächtnis verloren habe und dass meine Freunde gestorben sind. Als Spätfolge der Folter bekam ich oft Magenbluten. Meine Frau hat auch sehr unter der Situation gelitten. Jede Nacht habe ich noch Alpträume. Nach einer Stunde Schlaf wache ich auf und habe Schwierigkeiten wieder einzuschlafen.

Ich befinde mich in psychotherapeutischer Behandlung. Gelegentlich habe ich mit Freunden über meine Foltererfahrungen gesprochen.

Ich bin normal religiös und habe auch im Gefängnis gebetet, das hat etwas geholfen.

Die Situation ist hier jetzt etwas besser als vor 10 Jahren. Aber ich habe große Angst und Befürchtungen für die Zukunft. Ich wünsche mir, dass jeder seine Muttersprache sprechen darf, aber vor allem Frieden, Frieden, Frieden.

Gespräch mit Nazif,* einem 34-jährigen Mann, im Oktober 2011

Ich bin 34 Jahre alt, ich bin in Batman geboren und wohne seit 20 Jahren in dieser Stadt. Ich bin verheiratet und habe noch drei Töchter. Meine beiden Söhne starben bei einem häuslichen Unfall, als ich im Gefängnis war. Ich habe die Oberschule besucht und bin von Beruf Steinmetz. In meiner Kindheit und Jugend gab es keine schweren Erkrankungen, keine belastenden Erfahrungen und insgesamt keine besonderen Vorkommnisse. Allerdings waren die schlechten Lebensumstände und die abnormen Lebensbedingungen traumatisch für mich. Ich habe 1995 mit 18 Jahren geheiratet und wurde kurz darauf festgenommen und wegen Mitgliedschaft in der PKK zu 10 Jahren Haft verurteilt. Während der ersten 31 Tage der Haft bekam ich eine ›Spezialbehandlung‹ durch die TIM (militärische Spezialeinheit des türkischen Geheimdienstes). Ich bekam unter anderem Schläge auf die Fußsohlen, Elektroschocks, mein Kopf wurde ins Wasser getaucht, ich wurde an den Füßen aufgehängt und geschlagen. Zwei meiner Kameraden sind bei diesen Folterungen gestorben, aber ich war so jung und kräftig, dass ich überlebt habe. Doch ich habe keine Minute vergessen. Zehn Tage lang wurde ich nach den Folterungen in eine 80 x 80 cm große Zelle gebracht, in der ich mich kaum bewegen konnte.

1995 war eine besonders harte Zeit für uns Kurden. Während der Folter wurde sehr laute Musik gespielt, damit die Schreie der Gefolterten nicht nach draußen dringen konnten. Frauen wurden vor unseren Augen vergewaltigt. Es fällt mir schwer, meine Gefühle von damals zu beschreiben. Ich kann nur sagen, dass unsere Behandlung von damals total gegen die Menschenrechte verstoßen hat. In diesem Punkt ist die Türkei 300 Jahre von Europa entfernt.

Im Grunde sind die Folterer schlimmer dran als wir, die Gefolterten. Denn sie müssen tagtäglich foltern, während wir nur einige Stunden an relativ wenig Tagen gefoltert wurden. Obwohl ich eigentlich alles ganz gut überstanden habe, wollte auch ich manchmal Selbstmord begehen. Ich wollte, das ist vielleicht eine typische Haltung der Kurden, die Ehre der Frauen verteidigen. Als ich sah, dass ich das nicht konnte, schlug ich mit dem Kopf gegen die Wand, um mich zu töten. Eine Frau gebar sogar ihr Baby während der Haft.

Als ich nach 10 Jahren endlich frei kam, betrat ich eine völlig andere Welt. Freiheit hatte für mich einen völlig anderen Sinn bekommen. Ich war nur individuell frei, aber mein Volk musste weiter leiden. Mir kamen immer wieder plötzlich die Einzelheiten meiner Haft in den Sinn. Ich kam mir vor wie hinter einer zerbrochenen Fensterscheibe, die nicht mehr repariert werden kann. Jede körperliche Beschwerde führe ich bis heute immer auf die Zeit im Gefängnis zurück.Vor der Haft war ich kerngesund. Danach kamen viele Beschwerden und Schmerzen. Ich bin am Rücken operiert worden und werde bald eine zweite Operation haben.

Nach zehn Jahren Haft, die meiste Zeit davon in völliger Dunkelheit, erscheint mir alles verändert und verzögert. Es gibt keine Sicherheit und keine Garantie für mein Leben mehr.

Als potentieller Terrorist bekam ich auch nach meiner Freilassung häufig Besuch von der Polizei. Man wollte mich zum

Militärdienst zwingen. Eineinhalb Jahre habe ich mich geweigert, dann wurde ich erneut verhaftet. Heute wird zwar nicht oder nicht mehr so häufig gefoltert, aber es genügte, Mitglied der PKK gewesen zu sein, um mich zu verhaften. Öffentlich gegen die Regierung geredet zu haben und die Teilnahme an einem oppositionellen Treffen waren die beiden anderen Haftgründe.

Seit einigen Monaten bin ich wieder frei und lerne das Leben jetzt neu. Aber meine wirtschaftlichen Probleme lassen mich nicht zu einem guten Lebensgefühl kommen.Ich habe keine Arbeit. Meine Brüder helfen mir mit Geld, bis ich eine Arbeit gefunden habe. Ich bin seit 6 Jahren in psychiatrischer Behandlung. Ich mache jetzt eine Gesprächstherapie, manchmal spreche ich in der Gruppe und manchmal sind es Einzelgespräche. Wenn ich ein Polizeiauto höre, bekomme ich Panik. Nachts hatte ich lange Zeit Alpträume. Meine religiöse Einstellung hat sich vollkommen verändert. Früher war ich fromm, dann wurde ich gleichgültig und jetzt bin ich völlig gegen jede Religion. Aber die Folter hat mich nicht gebrochen.

Gespräch mit Hatice,* einer 38-jährigen Frau, im Oktober 2011

Ich bin verheiratet und habe keine Kinder. Ich habe einen Universitätsabschluss und ich habe für eine politische Partei gearbeitet. Von meiner Familie her bin ich Alevitin,, aber ich bin Atheistin. Ich habe eine glückliche Kindheit gehabt, vor meiner ersten Verhaftung gab es keine besonderen Belastungen und auch keine schweren Krankheiten. 1995 wurde ich im Alter von 23 Jahren als Revolutionärin in der West-Türkei verhaftet. Man hat mich drei Tage lang gefoltert. Man hat mich mit elektrischem Strom an den Brustwarzen und Genitalien misshandelt, ich wurde an den Armen aufgehängt und geschlagen. Als Grund für die Verhaftung wurde die Teilnahme an einem Gewerkschaftstreffen angegeben. Ich wurde während der Folter verhört, habe aber nicht geredet. Nachts hat man mich dann ich ein Auto verfrachtet. Man hat mir ein Gewehr an den Kopf gehalten und hat mich immer wieder gefragt: Wo sind deine Freunde? Ich schwieg. Sie sagten: Du bist Kurdin, Alevitin und Sozialistin. Sie haben mir dann die Augen verbunden und mich aus dem fahrenden Auto geworfen. Ich muss eine ganze Weile ohne Bewusstsein gewesen sein. In den frühen Morgenstunden kam ich wieder zu mir. Ich konnte weder laufen noch meine Hände bewegen. Erst nach etwa einer Stunde gelang es mir. aufzustehen und mich zu einem Kiosk zu schleppen. Von dort rief ich meine Familie an und hockte mich an den Straßenrand. Bald war ich von mehreren Polizisten umgeben. Aber dann kamen meine Verwandten und holten mich. Meine Muskeln und Nerven waren von der Folter so geschädigt, dass ich bis heute gefühllose Stellen an Armen und Beinen habe. Nachdem ich meine politische Tätigkeit wieder aufgenommen hatte, wurde ich erneut verhaftet. 1998 hat man mich aus einem öffentlichen Bus heraus geholt.Ich sagte Ihnen: Ihr könnt mich töten, aber meine politische Einstellung werdet ihr nicht ändern. Fünf Polizisten zwangen mich in ein Polizeiauto und brachten mich zur Polizeistation. Sie drohten mich zu erschießen und führten eine Scheinerschießung durch. Dann stellten sie fest, dass ich schon einmal verhaftet worden war. Ich hörte dann die Worte: Bringt sie sofort in die Folterkammer. Mit einem Aufzug wurde ich in die 5. Etage gebracht, wo sich eine spezielle Folterstelle befand. Ich wurde erneut mit Elektroschocks behandelt. Obwohl sie meinen Personalausweis in der Hand hatten, fragten sie ständig nach meinem Namen. Auf dieselbe Polizeistation waren 10 Genossen meiner Partei gebracht worden. Ich hatte damals lange Haare. Daran haben sie mich aufgehängt. Sie schlugen mich heftig mit dem Kopf gegen die Wand. Man legte mich auf einen Eisblock und folterte mich gleichzeitig mit elektrischen Strom. Mir ging dabei immer durch den Kopf: Ich bin im Recht und ich gebe meine Ideen nicht preis. Das machte mich stark. Einem herbeigerufenen Arzt musste ich erklären, dass ich o. k. sei. Man brachte mich dann doch in ein Krankenhaus. Ich bat den Arzt meine Hände zu befreien und der Polizei zu verbieten, mein Krankenzimmer zu betreten. Er verweigerte das, deshalb lehnte ich es ab, weiter von ihm behandelt zu werden. Er fragte nach meinem Namen und meiner Adresse und sagte: »Warum reden Sie nicht?« Er kooperierte mit der Polizei. Ich wurde zur Polizeistation zurück gebracht. Dort beschuldigte man mich der PKK-Mitgliedschaft. Ich wurde dann völlig nackt ausgezogen und eine Polizistin kündigte mir eine Vergewaltigung an für den Fall, dass ich nicht rede. Sie schlug mich und ließ mich dann allein.Dann kamen mehrere Männer. Sie berührten zunächst meine Brustwarzen. Ein Polizist öffnete seine Hose, dann verbanden sie mir die Augen. Sie rissen mich zu Boden und drangen mit einem Metallgegenstand, der scharfe Kanten hatte, in meine Vagina ein. Sie ließen mich in einem Schockzustand nackt zurück. Ich blutete aus der Scheide. Später brachten sie mich immer noch nackt zu den verhafteten Frauen zurück und sagten: Wir haben sie vergewaltigt, aber sie ist es nicht wert. Wir werden Euch auch vergewaltigen. Sie verspotteten mich, bezeichneten mich als Schlampe, sagten, ich solle meine Kleider suchen. Erst kurz vor der Gerichtsverhandlung brachten sie meine Kleider und meine anderen persönlichen Gegenstände. Am Ende mussten sie mich nach 4 Tagen Folter frei lassen, weil sie nichts herausgefunden hatten.

Am Tage meiner Freilassung hasste ich alle Männer. Freunde wollten mich umarmen, aber es graute mir davor. Mein einziger

Gedanke war: Alle Männer sind Vergewaltiger. Damals war ich noch nicht verheiratet.

Ich wandte mich an eine Menschenrechtsorganisation, von dort wurde ich in psychologische Behandlung vermittelt. Die Therapeutin machte mir Mut und sagte: Die Folgen der Folter werden nicht von Dauer sein. Sie konnten bei der Folter den Körper und nicht deine Gefühle verletzen, deshalb wird sich dein Zustand verbessern. Nach drei Monaten hatte sich mein Zustand verbessert. 2006, bei meiner dritten Verhaftung, wurde keine physische Folter mehr angewandt, weil die Türkei den Beitritt zur EU anstrebte. Aber es wurde psychisch gefoltert. Mein Mann, ich hatte inzwischen geheiratet, war damals auf der gleichen Polizeistation festgehalten worden. Wir sind beide politisch aktiv, er denkt wie ich und das hat für mich vieles leichter gemacht. Auf der Polizeistation habe ich meinen früheren Vergewaltiger wieder getroffen. Da mir 8 Jahre vorher bei der Folter die Augenbinde etwas verrutscht war, konnte ich sein Gesicht erkennen. Auch seine Stimme habe ich wieder erkannt.

2009 wurde ich erneut verhaftet. Ich hatte an der Veranstaltung eines marxistischen Autors teilgenommen. In den frühen Morgenstunden drangen fünf maskierte Männer gewaltsam in unsere Wohnung ein und zwangen uns, wir waren 4 Personen, uns auf die Erde zu legen. Sie durchsuchten die Wohnung. Ich wurde verhaftet und gleichzeitig wurde unsere Parteizentrale durchsucht. Man brachte mich nach Ankara und stellte mich dort vier Tage später vor Gericht. Ich war in einen Hungerstreik getreten. Auch das wurde mir als Verbrechen angerechnet. Ich machte von meinem Aussageverweigerungsrecht Gebrauch.

Ich bereue nichts, der politische Kampf gibt mir Kraft. Ich kämpfe für eine gerechte Sache, diesen Kampf werde ich nicht aufgeben. Mit meinem Mann kann ich über alles sprechen.

Gespräch mit Ibrahim Güclü, einem Rechtsanwalt, 62 Jahre, im Oktober 2011

Ich bin in einem Dorf aufgewachsen. Meine Familie war weder arm noch reich. Wir waren zu Hause 6 Kinder. Ich hatte die typischen Kinderkrankheiten. Die Krankheiten waren aber nur physisch, psychisch war ich gesund. Meine Familie ging später nach Ankara. Aus meiner Familie hat niemand je für die Regierung gearbeitet. Ich gehörte einer kommunistischen Bewegung an, die Mehrheit der Mitglieder dieser Bewegung sind Atheisten, aber liberal und mit Respekt vor den Religionen. Ich habe keine Scheu im Fernsehen zu sagen, dass ich Atheist bin. Mit 20 Jahren war ich zum ersten Mal im Gefängnis, das war 1968. Das Gefängnis war nahe meiner Wohnung und ich kannte es schon als Besucher. Heute ist es ein Museum. 1969 habe ich mit dem Studium der Rechtswissenschaften an der Universität in Ankara begonnen. Ich habe mich zusammen mit anderen Studenten und Intellektuellen organisiert, um gegen das herrschende System zu arbeiten. Ich bin ein Arbeitstier. 1971 gab es einen Putsch und wir wurden alle in Diyarbakir abgeurteilt und eingesperrt. Ich war etwa vier Jahre im Gefängnis und bin wie alle linken Studenten gefoltert worden. Ich bin zum Tode verurteilt worden. Die Strafe wurde aber umgewandelt. 1974 gab es unter dem Sozialdemokraten Ecevit eine Generalamnestie. Ende 1974 war ich frei.Danach begann ich zunächst im Untergrund zu arbeiten. Wir gaben dann legal eine zweisprachige türkisch/kurdische Zeitschrift heraus. Ich war mit 27 Jahren der Chefredakteur und wir hatten eine weibliche Redakteurin. Das Magazin schlug wie eine Bombe ein. Es drohte eine neue Verhaftung, ich verließ meine Rechtsanwaltspraxis und ging wieder in den Untergrund. Am 12.09.80 kam es in der Türkei zu einem Militärputsch. Daraufhin verstärkten

Gefängnis bei Mardin, Ost-Türkei (2003)

wir unsere Untergrundarbeit. Wir agierten im Irak, Iran und Syrien und unterstützten die Peschmerga. (Peschmerga sind kurdische Kämpfer im Nordirak oder auch Südkurdistan, wie sie die Gegend selbst bezeichnen, sie haben im Gegensatz zur leninistisch-marxistisch ausgerichteten PKK keine einheitliche Ideologie.) 1987 ging ich nach Schweden ins Exil. Dort blieb ich 11 Jahre. Am 28.04.98 kam ich in die Türkei zurück und trat der verbotenen kurdischen Partei, der HAK-Partei bei. Dort initiierte ich verschiedene Projekte in Ankara und Diyarbakir. Später bin ich wegen einiger Differenzen aus der Partei ausgetreten. Ich habe ein bilinguales Projekt begonnen und in kurdischer Sprache zur Verteidigung der kurdischen Sprache publiziert. In diesem Projekt haben wir auch das Armenien-Thema aufgegriffen. (Bei dem Völkermord, der bis heute von der Türkei nicht als solcher anerkannt wird, kamen im Jahr 1915 nahezu eine Million Armenier ums Leben, M. P.) 2003 wurde ich deshalb wieder zu einer Gefängnisstrafe verurteilt. 2006 habe ich an einem Protestmarsch zur türkisch-

irakischen Grenze teilgenommen, um gegen militärische Operationen in Nord-Kurdistan zu demonstrieren. Wir trugen Plakate mit der Aufschrift SOLDATEN KOMMT NACH HAUSE mit uns. 2007 wurde ich erneut zu einer 1½-jährigen Gefängnisstrafe verurteilt. Ich lasse mich nicht einschüchtern und arbeite mit friedlichen Mitteln weiter für meine Überzeugungen. Ich habe jetzt nach der Folter keine Albträume und keine anderen Nachwirkungen mehr. Ich sehe die Folter als Kollateralschaden meiner politischen Arbeit. Eine Therapie habe ich nicht gemacht. Was mir geholfen hat und was auch immer noch wichtig für mich ist, ist das Gespräch mit Freunden.

Ende Oktober 2011 fuhr ich nach Deutschland zurück. Vor der Abreise ergab sich noch einmal die Gelegenheit Ibrahim Güclü zu treffen. Wir trafen uns in einem kleinem Restaurant in einem uraltem Gebäude im Zentrum von Diyarbakir.

Steine können nicht sprechen und doch rückt bei ihrem Anblick die Vergangenheit in die Gegenwart. Wahrscheinlich gab es hier schon seit langer Zeit Goldschmuck, kostbare, bunte, glitzernde Edelsteine, duftende Gewürze und Früchte in vielen Farben, mit denen gehandelt wurde. Aber auch menschliches Leid und Gewalt waren im Laufe der Jahrhunderte allgegenwärtig. Vieles von diesen Dingen ist geblieben, neu sind die Auslagen mit Mobiltelefonen, Digitalkameras und vielem mehr, was im eigenartigen Kontrast zu den stummen Zeugen der alten Geschichte steht.

Trotz der fehlenden gemeinsamen Sprache war die Atmosphäre in dieser Umgebung im Gespräch mit Ibrahim Güclü sehr vertraut. Die Ideen der 68er Jahre waren für uns beide lebendig. Wir erlebten diese Zeit an unterschiedlichen Orten und unter unterschiedlichen politischen Verhältnissen. Im Unterschied zu meinem Gesprächspartner konnte ich damals die Ideen an der Universität, auf der Straße und in den Kinderläden ohne Gefahr für Leib und Leben lebendig gestalten und meine Erfahrungen machen. Nachdem wir uns mit dem Wunsch, uns auf jeden Fall irgendwo und irgendwann wieder zu treffen, von Ibrahim Güclü trennten, waren mir die Menschen, deren Geschichte ich gehört und verinnerlicht hatte, lange Zeit noch sehr nah. In meinem Kopf bewegten sich die Wörter und die Bilder, die ich zu ordnen versuchte.

Mein erster Gesprächspartner, der 36-jährige Mehmet, den ich am 19.10.2011 in Diyarbakir interviewt habe, war durch das persönliche Erleben gewalttätiger politischer Auseinandersetzungen zum bewaffneten Kampf gekommen. Zunächst erlebte er ein intensives Gemeinschaftsgefühl mit gemeinsamen Ideen und Kameradschaft. Dann folgte eine Zeit, die von unvorstellbaren Grausamkeiten und Willkür die durch andere Menschen geprägt war. Für ihn wurde Brutalität zur Normalität in der Welt. Aber trotzdem ist der Wille bei einer positiven Veränderung der Verhältnisse zu helfen nicht erloschen. Mein zweiter Gesprächspartner, Murat, geriet zufällig in die Maschinerie der Gewalt Er kam, ohne sich entscheiden zu können, zwischen die Fronten, fühlte sich ausgeliefert und machte auf mich im Gespräch einen gebrochenen und resignierten Eindruck. Bei dem dritten Mann, Nazif, mit dem ich gesprochen hatte, waren die vielfältigen grausamen Erfahrungen noch sehr dicht, er befand sich spürbar in einem nicht abgeschlossenen Prozess. Seine Ideen, für die es sich nach seiner tiefen Überzeugung zu kämpfen lohnte, waren noch immer lebendig. Aber auch die Folterer waren als Menschen, um die er sich trotz allem Gedanken machte, präsent.

Die einzige Frau, Hatice, deren Geschichte ich in den vergangenen Tagen gehört und aufgeschrieben hatte, hat mich tief berührt. Vor dem Hintergrund ihrer Verletzlichkeit als Frau und ihren erlittenen körperlichen und seelischen Wunden hat sie eine Kraft entwickelt, mit der sie sich ihren Peinigern weit überlegen fühlt, aber auch sie nahm die Menschen, die ihr all das angetan hatten, als Individuen wahr.

Die Frage nach den Hintergründen der Folter war mir eigentlich seit meiner Kindheit und im Laufe vieler Jahre immer wieder gegenwärtig, Vieles hatte ich dazu gelesen.Da gibt es zum Beispiel ein Handbuch für nachrichtendienstliche Vernehmungen vom Juli 1963 mit dem Namen KURBAK. In dem 9. Kapitel ›über die geheimdienstliche Vernehmung von kooperationsunwilligen Quellen unter Ausübung von Zwang‹ heißt es in der Schlussbetrachtung unter anderem:

»Die wichtigsten Zwangsmaßnahmen sind: Inhaftierung, der Entzug von Sinnesreizen, Drohungen und Ängste, Schwächung, Schmerzen, erhöhte Suggestibilität und Drogen.«

Aus Gesprächen der Föderation der politischen Gefangenen in Kurdistan mit Amnesty international in London wurde in einer Presseerklärung vom 01.06.2012 unter anderem veröffentlicht:

»Die Gefängniswärter in den kurdischen Provinzen sind oft nach den Regeln der Panama-Folterschule geschult und werden aus ehemaligen Mitgliedern militärischer Spezialeinheiten rekrutiert, die zuvor gegen die PKK gekämpft haben.«

In einem Beitrag des SRF Kultur Gesellschaft und Religion wird am 22.05.2013 von eben dieser Schule, der ›Escuela de las Americas‹ berichtet. In dieser Schule, die jetzt ein 5-Sterne-Hotel sei, seien unter anderem der argentinische Junta-General Leopoldo Galtieri und Präsident Roberto Viola berüchtigte Absolventen gewesen.

Im März 2012 habe ich mich in Mendoza (Argentinien) mit zwei Frauen getroffen, die Schrecken und die Folter zur Zeit der argentinischen Militärdiktatur überlebt haben. In ihren Berichten fallen große Ähnlichkeiten in der Art der Misshandlungen auf, die ich von den Darstellungen in der Türkei in Erinnerung hatte, obwohl die äußeren Situationen in den Ländern sehr verschieden waren. Vor diesem Hintergrund schien mir die Existenz einer gemeinsamen Folterschule wahrscheinlich.

1976 kam es in Argentinien zu einem Militärputsch. Die Macht der Generäle wurde 1983 durch eine demokratisch gewählte Regierung abgelöst. Während der Zeit der Militärdiktatur verschwanden in Argentinien etwa 15-20.000 Menschen. Vorzugsweise linke Studenten und Intellektuelle, Gewerkschafter und Peronisten wurden festgenommen, inhaftiert, gefoltert und getötet.

Die Gespräche mit den beiden Frauen möchte ich an dieser Stelle wieder geben:

Gespräch mit Dr. Florencia S., einer Ärztin, 61 Jahre, verheiratet, vier Töchter, im März 2012

Ich bin in Mendoza geboren und habe die meiste Zeit meines Lebens hier verbracht. Ich erinnere mich an eine glückliche Kindheit und Jugend. Es gab keine schlimmen Erfahrungen und auch keine schweren Krankheiten, durch die ich in meiner Jugendzeit belastet war. Meine Eltern waren von ihrer politischen Einstellung eher konservativ eingestellt. Nach meiner Schulzeit habe ich mit einem Medizinstudium begonnen. Als Studentin war ich Mitglied einer linken Gruppierung. Mit anderen Mitgliedern meiner Gruppe versuchte ich eine Polizei-

station zu überfallen, um Waffen zu erbeuten. Der Versuch schlug fehl, und ich wurde einen Tag später, am 30.04.1975, in einem städtischen Bus verhaftet und festgenommen. Von der Polizeistation brachte man mich in das Folterzentrum von Mendoza. Dort wurde ich zunächst in eine winzige Einzelzelle gebracht. Mir wurden die Kleider abgenommen und die Augen verbunden. Nackt und völlig ausgeliefert wurde ich auf eine Art Tisch gelegt, festgebunden und mit Elektroschocks gefoltert. Die Elektroden wurden an Armen, Beinen, Brüsten, Genitalien und an den Lippen angebracht und die Stromstöße wurden immer stärker. Ich hatte Schmerzen und Angst. Das Bewusstsein habe ich nicht verloren, am Schlimmsten war das Gefühl, den Männern hilflos ausgeliefert zu sein. Ich hatte den Eindruck, der oder die Folterer wussten nicht, was sie fragen sollten, aber sie gaben anderen Personen im Raum Anweisungen, wie die Schocks ausgeführt werden sollten, so als ob die anderen das ›Handwerk‹ noch lernen sollten. Wahrscheinlich weil einer der Anwesenden meinen Vater kannte, wurde ich nach der ersten Nacht nicht mehr körperlich gefoltert. Die erste Woche hatte ich keinen Kontakt zur Außenwelt. Dann konnte ich besucht werden und meine damals zwei Monate alte Tochter wurde mir gebracht und durfte zunächst bei mir bleiben. Bis kurz nach dem Militärputsch blieb ich im Gefängnis in Mendoza, dann wurde ich in ein berüchtigtes Gefängnis nach Buenos Aires gebracht. Meine Tochter wurde meiner Mutter übergeben, wo sie bis zu meiner Freilassung blieb. In dem Gefängnis der Hauptstadt wurde keine direkte körperliche Gewalt angewendet, aber die Zustände waren fürchterlich. Im Essen fanden wir Exkremente von Tieren, wir spülten die Erbsen einzeln ab, um überhaupt etwas essen zu können. Die Matratzen waren nass. Diese Zustände besserten sich etwas, nachdem internationale Beobachter von Menschenrechtsvereinigungen im Gefängnis waren. Es gab täglich Durchsuchungen in den Zellen, Bücher und Zeitungen waren verboten. Die Gemeinschaft unter den gefangenen Frauen war gut. Persönlich habe ich keine schwere seelische Krise im Gefängnis erlebt. Belastet hat mich das Verschwinden einer Freundin, von der es nie wieder ein Lebenszeichen gab. Außerdem hatte ich große Angst, vor ein Kriegsgericht gestellt zu werden. Im Falle einer Verurteilung wäre mir mit großer Wahrscheinlichkeit meine Tochter genommen worden. Wir hörten von solchen Dingen und von Folter an Kindern, um von den Eltern ein Geständnis zu erzwingen. Zum Glück blieb mir das erspart und ich wurde nach 5 Jahren Gefängnisaufenthalt von einem Tag auf den anderen entlassen. Ich bin dann mit dem Zug nach Mendoza gefahren und hatte ein Gefühl von Unwirklichkeit. Im Zug traf ich eine Peruanerin, der ich meine ganze Geschichte erzählte, damit es für den Fall, dass man mich verschwinden lassen wollte, eine Zeugin gab.

In Mendoza wurde ich von meiner Mutter am Bahnhof abgeholt. Ich musste mich danach noch bis Ende 1981 wöchentlich auf der Polizeistation melden. Nachdem ich frei war, habe ich so schnell wie möglich versucht, mein Studium wieder aufzunehmen, was mir nach Anfangsschwierigkeiten auch gelang. Eine Art Zusammenbruch mit Gefühlen von Sinnlosigkeit kam erst, nachdem ich mein Studium beendet hatte.

In dieser Zeit habe ich eine Psychotherapie nach Lancan gemacht, die mir auch sehr geholfen hat. Ich denke heute, dass ich mich durch die Erfahrungen im Gefängnis verändert habe. Meine politischen Überzeugungen sind klarer, ich kann besser reflektieren. Von der Kirche habe ich mich total abgewendet. Neben der Therapie waren meine Familie und meine Arbeit ganz wichtige Stützen, ohne die ich wahrscheinlich nicht alles so überstanden hätte.

Gespräch mit Vilma, einer Tänzerin, 60 Jahre, im März 2012

Meine Eltern stammen aus Italien. Mein Vater wollte im zweiten Weltkrieg nicht Soldat werden, er verließ deshalb Italien, er konnte sich nach Argentinien absetzen. Ich bin in Mendoza geboren. Mein Vater konnte hier eine Zementfabrik aufbauen. Wirtschaftlich hatten wir keine Probleme, aber meine Jugend war vom Tod meines älteren Bruders überschattet. Ich war damals 12 Jahre alt, als er in meinem Beisein im Alter von 24 Jahren im Schwimmbad ertrank. Meine Mutter war nach seinem Tod schwer belastet und hat mir vielleicht auch unausgesprochene Vorwürfe gemacht.Ich habe mein Leben schon früh dem Tanz gewidmet und habe bei bekannten Persönlichkeiten Unterricht genommen. Ich habe geheiratet und mein Sohn wurde 1976 geboren. Mein Mann war Peronist.

Als Studentin war ich auch an der journalistischen Fakultät, wo wir eine Untergrundzeitschrift heraus gegeben haben. Unmittelbar nach dem Militärputsch, mein Sohn war erst wenige Tage alt, wurde ich mit allen in der journalistischen Fakultät Anwesenden verhaftet. Man brachte uns in einem Bus in ein Gefängnis der Geheimpolizei. Dort wurde ich an 9 aufeinander folgenden Tagen jeweils ungefähr zwei Stunden gefoltert. Man hat mir die Augen verbunden, ich wurde an den Armen aufgehängt und am ganzen Körper geschlagen. Außerdem wurden Elektroschocks durchgeführt. Ich habe mehrfach das Bewusstsein verloren. Ich wurde mit den übelsten Schimpfwörtern beschimpft, aber verhört im eigentlichen Sinne wurde ich nicht, ich wurde nur immer nach einem Genossen gefragt, von dem ich wusste, dass er tot war. In der Zeit zwischen den Misshandlungen brachte man mich in eine kleine schmutzige Zelle. Um nicht ganz verrückt zu werden, habe ich mich damit beschäftigt die Wände der Zelle zu reinigen.

Später wurde ich in ein Gefängnis nach Buenos Aires gebracht. Mein Sohn war zunächst bei mir. Später wurde er durch Vermittlung eines mit den Militärs sympathisierenden Rechtsanwalts zu meinen Eltern gebracht. Mein Mann hatte in dieser Zeit ein Jahr in einem anderen Gefängnis verbracht.Ich war in großer Sorge, ob mein Kind wirklich zu meinen Eltern gebracht würde. Zum Glück ging das gut, was ich aber erst zwei Monate später erfuhr. In Buenos Aires gab es keine körperliche Gewalt, aber viele Formen psychischer Folter, u. a. Scheinerschießungen. Die Unterbringung und das Essen waren sehr schlecht, es gab z. B. Schweineschwarten mit Borsten. Im Gefängnis hatte ich manchmal Alpträume von meinem getöteten Kameraden. Nach drei Jahren Gefängnis wurde ich entlassen. Nach meiner Freilassung brauchte ich etwa vier Monate, um mich im Alltag zurecht zu finden. Der Wiedereintritt zur Universität wurde mir verweigert.

Meine Familie war mir eine große Hilfe. Ich habe auch mit vielen anderen Betroffenen über meine Erfahrungen gesprochen und meine Erfahrungen im Tanz und in Choreographien verarbeitet. Eine Therapie habe ich nicht gemacht. Die Kirche spielt für mich keine Rolle, obwohl ich schon irgendwie religiös bin. Durch die Erfahrungen im Gefängnis fühle ich mich in gewisser Weise geläutert.

Die beiden Frauen haben ihre extremen Erfahrungen auf unterschiedliche Weise verarbeitet. Florencia arbeitet als Allgemeinärztin. Durch Unterstützung von Seiten ihrer Familie und durch eine Psychotherapie hat sie Hilfe erfahren. Sie bezeichnet sich heute nicht als traumatisiert. Vilma konnte ihr Studium nicht fortsetzen, sie hatte aber die Möglichkeit ihre Erfahrungen in ihrer Tanzkunst umzusetzen. Beide Frauen kommen aus der Mittelschicht und hatten dadurch den persönlichen Hintergrund für eine individuelle Lebensgestaltung.

»Pinnwand« auf der Plaza de Mayo zum Jahrestag der Militärdiktatur in Argentinien mit der Inschrift »Nunca mas« (Nie wieder) (24. März 2014)

Kolumbien

Kolumbien ist nach dem berühmten Entdecker Christoph Columbus benannt, der aber selbst nie dieses Land betreten haben soll. Es ist von ungewöhnlicher Vielfalt und Schönheit und gehört zu den drei artenreichsten Ländern weltweit. Kolumbien verfügt über Strände am Ufer des Pazifiks und des Atlantiks (Karibik), über Hochgebirgsregionen und weite Flächen tropischen Regenwaldes, die etwa die Hälfte seiner Oberfläche ausmachen. Im Süden des Landes, wo die drei Kordilleren der Anden (West-, Zentral-und Ostkordillere) noch ein einziges kompaktes Massiv bilden, finden sich gut erhaltene Überreste einer sehr alten, Kultur, die aus der Zeit vor den Inkas, also von vor dem 9. Jahrhundert stammt und noch als weitgehend unerforscht gilt. Sie wird deshalb hilfsweise als ›San Agustin‹-Kultur bezeichnet.

Schon Jahrtausende vor unserer Zeitrechnung soll dieses Zentralmassiv in der Gegend von San Agustin, wo auch die drei größten Flüsse Kolumbiens entspringen, ein magischer Ort und eine traditionelle Begräbnisstätte gewesen sein.

Kolumbien besitzt große Reichtümer, zu denen Bodenschätze wie Smaragde, Gold, Kupfer, Erdöl, Kohle und Coltan gehören, sowie landwirtschaftliche Produkte wie Kaffee, Kakao, zahlreiche bekannte und unbekannte Tropenfrüchte und der Coca-Strauch. Politisch ist Kolumbien ein Land voller Widersprüche. Einerseits ist es eine der ältesten Demokratien des lateinamerikanischen Subkontinents, in dem der Militärputsch

– mit zwei kleinen Ausnahmen – nie zur ›normalen‹ Form des Regierungswechsels zählte, andererseits ist das Land spätestens seit Mitte des 19. Jahrhunderts Schauplatz blutiger interner Konflikte, die im 20. Jahrhundert in einen zehnjährigen Bürgerkrieg (1948–1958, La Gran Violencia) und in den längsten Guerilla-Krieg Lateinamerikas (seit 1963/64) mündeten.

Zwar hat Kolumbien eine der besten geschriebenen Verfassungen und ein gut ausgearbeitetes Rechtssystem, jedoch dürfte es in der westlichen Hemisphäre kaum ein anderes Land geben, in dem so viele schwere und schwerste Menschenrechtsverletzungen ungesühnt bleiben. Straflosigkeit ist in Kolumbien geradezu zu einem heimlichen Verfassungsartikel geworden. Die geographische Nähe zu den USA (Kleinflugzeuge können von Kolumbien aus unterhalb des Radarschirmes z. B. Kalifornien, Texas und Florida erreichen, der Zugang zu den Anbaugebieten der Kokapflanze (Peru, Bolivien und Kolumbien selbst) und ein durch Gewalt und Korruption relativ sicheres Fernbleiben staatlicher Kontrolle haben seit den 80er Jahren Kolumbien zum führenden Drogenlabor des Westens (vor allem für Kokain) werden lassen. Das Ausmaß und die Brutalität der Gewalt nahmen dadurch noch zu. Denn die ursprünglichen zum Kampf gegen die verschiedenen Guerillagruppen – zeitweise gab es bis zu sechs unterschiedliche Gruppierungen – aufgestellten Paramilitärs, die sich vorwiegend ›Selbstverteidigungseinheiten‹ nannten, verselbständigten sich nach und nach und wurden zuletzt zur gut bezahlten Schutztruppe der Drogenbarone. Inzwischen offiziell ›demobilisiert‹, operieren die ehemaligen ›Paras‹ als organisierte Verbrecherbanden (›bandas criminales‹) unter phantasievollen Namen – Los Rastrejos, La Empresa, Los Urabenos, La oficina de Envigado etc. – weiter.

Die Friedensgespräche zwischen der kolumbianischen Regierung und der größten Guerilla, der FARC, könnten angesichts dieser Situation am Ende zwar den seit mehr als 50 Jahren andauernden Ur-Konflikt zwischen Guerilla und Regierungstruppen beenden, würden aber an der vor allem in verschiedenen ländlichen Regionen Kolumbiens dominierenden Gewalt kaum etwas ändern. Vor diesem in aller Kürze beschriebenen Bild Kolumbiens entsteht bis zum heutigen Tag unvorstellbares menschliches Leid durch Morde, Vertreibungen, bewaffnete Auseinandersetzungen und anhaltende Bedrohungen.

Von der Finca meines Sohnes in Südkolumbien aus fahre ich immer wieder in andere Gegenden, um Menschen zu treffen und um mir ein Bild von der Situation im Land zu machen. Im Dezember 2011 und im Januar 2012 habe ich mehrere Gespräche mit schwer traumatisierten Menschen in Kolumbien geführt. Der Kontakt zu den Betroffenen wurde wie in der Türkei durch Bekannte von früheren Reisen und durch Menschenrechtsorganisationen hergestellt. Ich besuchte zu diesem Zweck drei unterschiedliche Regionen. Die ersten Gespräche führte ich im Bereich Magdalena Medio, weitere Gespräche fanden in einer Hafenstadt am Pazifik statt. Danach fuhr ich nach Putumayo in ein Gebiet, was überwiegend von indianischen Ureinwohnern bewohnt wird.

Magdalena Medio

Der Rio Magdalena, der größte Fluss Kolumbiens, hat in dieser Gegend schon weit über die Hälfte seines Weges zur Karibik zurück gelegt und ist zu einem breiten Strom geworden.

Er durchquert hier ein großes Areal, das reich an Bodenschätzen ist. In erster Linie geht es um Erdöl. An den Ufern des Flusses liegen zahlreiche kleine und größere Siedlungen.

Straßen gibt es eher wenige, Einige Siedlungen sind nur mit Booten zu erreichen. Das Klima ist heiß und feucht. Der bekannteste Ort in dieser Region ist die auch als Benzinstadt bezeichnete Großstadt Barrancabermeja mit einer großen Raffinerie, einem neu erbauten Hafengebäude, umgeben von Großgrundbesitzen und Ölpalmenplantagen. In Barrancabermeja ist es immer wieder zu schweren Menschenrechtsverletzungen durch unterschiedliche Gruppierungen gekommen. Vielen Menschen wurde dadurch das Leben genommen und viele haben Freunde und Verwandte verloren.

Wir trafen uns dort mit Mitarbeitern von ASORVIMM (Asociacion de Victimas de Crímenes de Estado en el Magdalena Medio). Wir sprachen über die Situation vor Ort und wurden mit Menschen in Kontakt gebracht, die ihre Geschichte erzählen wollten.

In einer Broschüre stellt sich ASORVIMM wie folgt vor:

Wir sind eine Organisation zur Verteidigung der Opferrechte, deren soziales Ziel es ist, die Bevölkerung, die Opfer staatlicher Gewalt geworden ist, zu organisieren, und die Erfüllung ihres Rechts auf Wahrheit, Gerechtigkeit und umfassende Wiedergutmachung einzufordern.

Was sind unsere Ziele?

Begleitung und Beratung der Opfer bei den Prozessen, der Anzeige und der hartnäckigen Durchsetzung derselben. Forderung der Wiedergewinnung des historischen Gedächtnisses als sozialen Prozess, der es erlaubt, die Ereignisse für die öffentliche Diskussion lebendig zu erhalten. Die Opfer zu befähigen, ihre Rechte zu erkennen und anzuwenden,bei den Opfern ein kritisches Bewusstsein zu wecken und sie auf ein gemeinsames Ziel hin zu organisieren. Dazu beizutragen, dass sich das Geschehene sicher nicht wiederholt.

Im Eingangsraum waren viele Fotos an die Wand gelehnt. Auf den Fotos waren die Gesichter von Menschen zu sehen. Es waren Frauen und Männer abgebildet, darunter fast noch kindliche Gesichter und solche, die von Erfahrungen des Lebens gezeichnet waren. Die Fotos zeigten die Gesichter von ermordeten oder verschwundenen Menschen. Beim Betrachten der Bilder fragte ich mich, was all diese Augen, die auf ihre ganz individuelle Art und Weise die Welt wahrgenommen hatten, wohl als letztes gesehen hatten.

Bilder von Ermordeten und Verschwundenen im Magdalena Medio (2011)

Das erste Gespräch fand in San Pablo statt, einem Ort mit ungefähr 5.000 Einwohnern. Wir hatten diesen Ort schon einmal besucht. Ich glaube, es war 1995, als wir uns das erste Mal mit Carlos trafen, der uns durch San Pablo führte. Von Barrancabermeja fährt man mit dem Motorboot etwa eine Stunde flussabwärts. Bis vor wenigen Jahren gab es schon nach kurzer Zeit den ersten Halt bei der Militärkontrolle. Alle mussten das meist vollbesetzte Boot verlassen. Jeder wurde durchsucht und befragt, bevor die Fahrt fortgesetzt wurde.

Es ist unglaublich heiß in San Pablo. Auch ohne dass man sich schnell bewegt, läuft der Schweiß in Strömen. Die meisten Straßen sind nicht gepflastert und verwandeln sich bei Regen in tiefen Schlamm. Die Häuser sind einfach gebaut, es gibt kleine Geschäfte, einen kleinen Park, eine Kirche, einen Friedhof und auch ein kleines Gefängnis. Wir konnten das Gefängnis besichtigen. Die einzigen beiden Häftlinge saßen vor dem Eingang und spielten mit dem Wärter ein Spiel gegen die Langeweile. Abends vor Feierabend schloss der Wärter sie dann wieder ein, bevor er nach Hause ging.

Im Januar 1999 waren wir wieder dort. Wenige Tage zuvor hatte eine Gruppe von Paramilitärs, die mit Booten und groß-kalibrigen Waffen gekommen war, ein Massaker unter der Zivilbevölkerung angerichtet. Kaum einer der Bewohner zeigte sich auf der Straße. Der Pfarrer berichtete uns vom Ablauf des Geschehens und zeigte uns die Einschusslöcher

Gräber mit den Opfern eines Massakers vom Januar 1999 in San Pablo (1999)

in verschiedenen Häusern. Danach begleitete er uns auf den Friedhof zu den frischen Gräbern. Heute, 12 Jahre später, finden sich kleine Gedenktafeln an einem Baum, die an das Massaker erinnern. Aber der Ort ist in den zurück liegenden Jahren nicht zur Ruhe gekommen.

Gedenktafeln an einem Baum in San Pablo mit den Namen der Toten (2011)

Gespräch mit Garciella,* einer 49-jährigen Frau, in San Pablo im Dezember 2011

Ich bin nicht verheiratet, ich hatte zwei Söhne. Vor 6 Jahren wurde mein damals 20-jähriger Sohn, der zu der Zeit nicht bei mir wohnte, von zwei Männern in Zivil abgeholt. Er ist nie wieder aufgetaucht. Mein Sohn nahm Drogen und war dadurch besonders gefährdet. Drogenabhängige, Homosexuelle und Prostituierte fielen hier oft so genannten sozialen Säuberungen zum Opfer.

Ich habe mein ganzes Leben hier in San Pablo verbracht. In meiner Kindheit war ich glücklich und zufrieden. Es gab keine schweren Krankheiten und keine schlimmen Erlebnisse, an die ich mich erinnere. Als ich 13 Jahre alt war, kam zum ersten Mal die Guerilla hierher. Damals haben sie der Bevölkerung nichts getan und blieben nur einige Tage. Richtig schlimm wurde es erst in den 70er Jahren, als die Drogenmafia mehr und mehr an Einfluss gewann.

In der Zeit, als das mit meinem Sohn passierte, pflegte ich ihn zwei oder drei Mal in der Woche zu besuchen. An dem Tag, als er verschwand, waren seine Mitbewohner verstört. Sie berichteten, es seien Männer in Zivil gekommen und hätten ihn in einen Lastwagen gebracht und mitgenommen. Mein älterer Sohn und ich fragten uns daraufhin bis zum Hauptquartier der Paramilitärs durch, aber dort wusste man angeblich nichts. Das war an einem Sonntag. Man schrieb meine Telefonnummer auf und versprach mir, bis Mittwoch Bescheid zu geben. Ich bin nie angerufen worden.Erst kürzlich, nach der so genannten Demobilisierung der Paramilitärs, tauchte ein Mann auf, der damals dabei war, er bestätigte die Ermordung meines Sohnes. Er sprach aber nicht mit mir, ich habe es über Umwege erfahren.Bis zu diesem Tag habe ich mich geweigert, an den Tod meines Sohnes zu glauben.Meine Gefühle waren nach dem Verschwinden meines Sohnes wie eingefroren, ich fühlte mich wie versteinert.

Ich habe dann vor 2½ Jahren begonnen, einen Kurs an der Universität in Medellin zu belegen, der die psychosoziale Opferbegleitung zum Inhalt hatte. Ich habe mit einem Diplom abgeschlossen. Wir haben danach eine Selbsthilfegruppe gegründet. Eine so genannte Aussöhnungsgruppe, die das Ziel hat, anderen Opfern zu helfen. So betreuen wir die Angehörigen der Opfer des Massakers vom 08.01.1999, als die Paramilitärs mit Booten in den Ort kamen und 14 Menschen ermordeten. Die Schüsse waren im ganzen Ort zu hören. Die Polizei ist nicht eingeschritten.

Die Betreuung der Opfer und der Kontakt zu anderen Menschen, die ähnliche Erfahrungen wie ich gemacht haben, hilft mir, etwas über den Schmerz hinweg zu kommen. Durch diese Arbeit haben sich meine eingefrorenen Gefühle wieder ein wenig gelöst. Außerdem hat mir mein Glaube geholfen. Ich gehe oft in die Kirche.

Wir hatten nicht mehr viel Zeit in San Pablo zu bleiben, weil das Boot nach Barranca zurück fuhr, wo wir weitere Verabredungen getroffen hatten,

Gespräch mit Rosario,* einer 45-jährigen Frau, in Barrancabermeja im Dezember 2011

Ich bin eine allein erziehende Mutter von drei Kindern.Ich bin mehrfach von Paramilitärs vertrieben worden. Ich bin auf dem Land geboren. Dort habe ich mit meiner Familie und vielen Tieren eine glückliche Kindheit verbracht. Ich hatte 8 Geschwister. Zwei Schwestern sind im Kindesalter gestorben und ein Bruder ist bei einem Autounfall ums Leben gekommen. Meine erste Vertreibung erfolgte, als ich 24 Jahre alt war. Meine Kinder waren damals 6 Jahre, 3 Jahre und vier Monate alt. Wir wurden von Militär und Paramilitär vertrieben. Man nannte sie Nacetos oder mano negra (schwarze Hand). Zuerst kamen Männer in Zivil, aber sie hatten Waffen und Macheten mit doppelten scharfen Schneideflächen. Sie fragten nach der Guerilla. Die Männer wurden gefesselt und geschlagen und einige wurden mit Messern verletzt, sie drohten ihnen die Kehle durch zu schneiden. In dieser Gegend sind mehrere Menschen getötet worden.

Ich habe mit eigenen Augen gesehen, wie der Vater meiner Kinder und mein Bruder mit Waffen geschlagen wurden. Nach der ersten Vertreibung dachten wir, wir könnten wieder auf unser Land zurück kehren, weil keine Guerilla mehr da war, dann merkten wir aber, dass die Suche nach der Guerilla nicht der Grund der Vertreibung war.

1996 erfolgte die zweite und 1998 die dritte Vertreibung vom Land. Man hat uns vertrieben, weil das Land für den Bau einer Kohlemine gebraucht wurde, die jetzt seit zwei Jahren in Betrieb ist. Bei der dritten Vertreibung mussten wir alles zurück lassen, wir durften nur unsere Papiere und die Kleider, die wir trugen mitnehmen.Ich bin mit meinen Kindern in die Stadt gegangen. Von meinem Mann habe ich mich getrennt, weil er durch die Ereignisse psychisch krank geworden ist. Er hat viel Alkohol getrunken und wurde immer aggressiver, ich hatte große Angst vor ihm. 2001 kamen die Paramilitärs hier in die Stadt, um junge Männer aus verschiedenen Stadtteilen zu rekrutieren. Wir haben mitbekommen, dass Menschen in der Nachbarschaft von den Paramilitärs ermordet wurden. Wir haben in großer Angst gelebt und waren darauf vorbereitet, plötzlich fliehen zu müssen. Wir haben in unseren Kleidern geschlafen. Kurz bevor die Paramilitärs kamen, bin ich mit meinen Kindern geflüchtet. Die Tochter und der ältere Sohn sind noch einmal zurück gegangen, um etwas aus der Wohnung zu holen. Als sie ankamen, war die Wohnung schon voller fremder Männer. Einer hat sich meine Tochter gefügig gemacht. Der Sohn war zunächst verschwunden. Ich habe die Polizei um Hilfe gebeten, aber ohne Erfolg. Mein Sohn kam dann aber alleine zurück. Die Tochter war verstört. Sie ist bis heute sehr zurückgezogen und geht kaum unter Menschen.

Ich wurde etwas später vom UNHCR in die Schweiz eingeladen, um über meine Situation zu sprechen. Als ich nach

Kolumbien zurück kam, war ich zur Zielscheibe für die Paramilitärs geworden. Ich bin telefonisch, durch anonyme Flugblätter, E-Mails und durch Briefe mit dem Tod bedroht worden. Ich musste fast zwei Jahre ohne jeglichen Kontakt zu meiner Familie in einer Zufluchtswohnung leben. Ich hatte panische Angst um meine Kinder. Ich habe gedacht, ich werde verrückt, ich habe geweint, geweint und geweint. Das Weinen hat mir geholfen und mein Glaube hat mir geholfen. Ich glaube an einen persönlichen Gott, der immer bei mir ist. Gott wollte, dass ich weiter lebe, um anderen Menschen zu helfen. Besonders hat mich der Psalm 91 gestärkt. Ich habe nie eine Psychotherapie gemacht. Ich hatte die Möglichkeit auszuwandern und nach Kanada zu gehen, aber ich wollte nicht. Ich habe gedacht, ich habe nichts verbrochen und ich muss den Menschen hier in der Stadt helfen. Ich habe ein Zertifikat für Sozialarbeit erworben. Ich habe mich mit anderen Opfern zusammen getan. Gemeinsam haben wir schon etlichen Menschen das Leben retten können. Mich schmerzt sehr, dass ich die Schule wegen der Ereignisse nicht beenden konnte. Ich bin aber eine starke Frau geworden und will den Schulabschluss nachholen, um zu studieren. Aber manchmal bin auch schwach und verzweifelt und frage mich: Wozu das alles? Wirtschaftlich geht es uns schlecht. Manchmal weiß ich nicht, wovon ich Brot kaufen soll. Ich habe gesundheitliche Probleme. Ich habe schon einen Herzschrittmacher, ich habe Magenprobleme und andere körperliche Beschwerden. Zeitweise konnte ich gar nicht schlafen. Bis jetzt habe ich Alpträume. Ich kann nicht allein aus dem Haus gehen. Ich muss zu meiner Sicherheit ständig Begleitpersonen haben. Meine Fesseln sind nicht außen, sondern innerlich. Ich bin nicht frei und sehe nicht, dass sich die Situation bessert. Erst vor wenigen Wochen ist mein jüngerer Sohn, der auch in der sozialen Arbeit tätig ist, bedroht worden. Er ist in die Offensive gegangen und will nicht flüchten. Wir leben in ständiger Angst.

Wir verabschiedeten uns und gingen auf die Straße, die für uns nicht gefährlich war. Äußerlich machte die Gegend in diesem Teil der Stadt, südwestlich der Eisenbahnbrücke, eigentlich einen ganz normalen Eindruck. Die meisten Menschen waren der Hitze entsprechend leicht, aber modisch gekleidet. Die Restaurants und Eisgeschäfte waren gut besucht, die Straßenhändler mit ihren Verkaufsständen priesen ihre Ware an, ihre Stimmen mischten sich mit der Musik, die aus verschiedenen Richtungen das Leben auf der Straße begleitete. Der Himmel allerdings hatte einen Grauschleier und der Luft war der Geruch von Erdöl beigemischt. Mir schien es, als ob sich ein dünner klebriger Film über die Stadt gelegt habe. Nordöstlich der Eisenbahnbrücke zeigt sich die Stadt weniger wohlhabend und das Leben dort ist schwerer. Die Kohlemine, wegen der meine letzte Gesprächspartnerin vertrieben wurde, liegt weiter außerhalb der Stadt. Ein Teil der Kohle, die dort gefördert wird, soll, so wurde mir erzählt, auch nach Deutschland exportiert werden.

Die nächsten Gespräche fanden in den Räumen von ASORVIMM statt.

Gespräch mit Gloria,* einer 46-jährigen Frau, in Barrancabermeja im Dezember 2011

Ich habe drei Kinder. Mein Mann ist am 28.02.1999 ermordet worden. Ich bin in der Nähe von Barranca aufgewachsen und hatte eine ganz normale Kindheit. In der Kindheit und Jugend bin ich persönlich nicht mit Gewalt konfrontiert worden. Ich hatte auch keine schweren Krankheiten. Ich habe die Oberschule besucht. Mein Mann arbeitete als Taxifahrer. An dem besagten Tag überbrachten mir zwei Jugendliche die Nachricht, Miguel sei von den Paracos (verächtlicher Ausdruck für die Paramilitärs, M. P.) abgeholt worden. Zunächst war ich nicht besonders nervös und dachte, die werden ihn schon wieder gehen lassen. Aber je länger seine Abwesenheit dauerte, um so unruhiger wurde ich. Nach 8 Tagen wurde eine Leiche an der Panamericana gefunden. Sie behaupteten, der Tote sei mein Mann. Mein Schwiegervater ist dann dort hin gefahren, um sich den Toten anzusehen. Es war nicht mein Mann. Nach weiteren 3 oder 4 Tagen überbrachten mir zwei Frauen von der Opfervereinigung Verschwundener die Nachricht, dass Miguel ermordet und seine Leiche in den Magdalena-Fluss geworfen worden sei. Ich habe nicht einmal seinen toten Körper wieder gesehen. Viele Jahre war ich voller Trauer, Zorn, Ohnmachtsgefühlen, aber auch voll Hass.

Es ging mir lange Zeit sehr schlecht. Eine Psychotherapie habe ich nicht gemacht, aber die Arbeit in verschiedenen Opferverbänden und der Austausch mit anderen Opfern hat mir sehr geholfen. Die Arbeit in den psychosozialen Gruppen lässt mich allmählich etwas zuversichtlicher in die Zukunft schauen. Auch mein Glaube und die Lektüre der Bibel waren eine Hilfe für mich. Aber zur Kirche habe ich heute eine gewisse Distanz bekommen. Vor der Ermordung meines Mannes war ich unwissend, geradezu unschuldig, aber ich habe viel gelernt und kann jetzt die Zusammenhänge und die allgemeine Situation in meinem Heimatland analysieren. Bei dem Massaker, bei dem auch mein Mann ums Leben gekommen ist, gab es acht Leichen und zwei spurlos Verschwundene. Vier Menschen haben das Massaker überlebt. Ich kenne den Namen des ›intellektuellen‹ Täters. Gestern ist der Prozess gegen ihn eröffnet worden, aber er wird mit Sicherheit frei gesprochen werden oder mit einer geringen Strafe davon kommen, denn die bloße Behauptung, jemand sei Unterstützer der Guerilla gewesen, ist eine ausreichende Rechtfertigung für seine Ermordung.

Mein Alltag hat sich normalisiert. Ich habe eine regelmäßige Arbeit bei der Stadtverwaltung, die mir Spaß macht. Den Verlust meines Mannes habe ich aber nie überwunden. Es ist bis heute ein tiefer Schmerz, dass meine Kinder ohne ihren Vater aufwachsen mussten. Und dass ich nicht einmal seinen Körper zurück bekommen habe, um ihn zu beerdigen.

Gespräch mit Eloia,* einer 22-jährigen Jurastudentin, Mutter einer 4-jährigen Tochter, im Dezember 2011

Bis zu meinem 8 Lebensjahr habe ich mit meinen Geschwistern eine glückliche Kindheit auf dem Land verbracht. Mein Vater arbeitete als Gutsverwalter auf einer großen Finca. Eines Tages kamen zwei junge Männer und fragten nach einem kleinen Mann mit einem weißen Sombrero. Der Beschreibung nach handelte es sich um den Vorgänger meines Vaters. Wir sagten ihm, dass sie sich auf der Nachbar-Finca nach ihm erkundigen sollten, da er hier nicht mehr arbeite. Sie gingen, kamen aber nach einigen Tagen zurück und erkundigten sich erneut nach dem kleinen Mann mit dem weißen Sombrero. Mein Vater war groß und er trug immer einen schwarzen Hut. Wir schickten sie wieder weg, aber nach wenigen Tagen kamen sie zurück Mein Vater war gerade mit der Aussaat auf einem Feld in der Nähe des Hauses beschäftigt, meine Mutter war weiter weg, sie suchte nach einer entlaufenen Kuh. Die Männer riefen meinen Vater mit Señor an, er reagierte nicht. Mein 14-jähriger Bruder sagte ihnen, dass mein Vater nicht auf Señor, sondern nur auf seinen Namen reagiere. Sie deuteten meinem Vater mit Gesten an, zum Haus zu kommen. Es gab dann einen kurzen Wortwechsel, dann zogen die Männer plötzlich eine Waffe und erschossen meinen Vater mit sieben Schüssen. Wir Kinder haben alles mit

Eloia mit Kind und Bild des ermordeten Vaters (2011)*

angesehen. Ich selbst begriff das zunächst alles nicht, die heftige Reaktion meiner älteren Geschwister machte mich unruhig und ängstlich. Der älteste schlug mit einem Gegenstand gegen die Wand und schrie: »Sie haben meinen Vater umgebracht!« Dann rannte er weg, um meine Mutter zu suchen. Mein Vater lag vor dem Haus in sehr viel Blut. Mein Vater versuchte meinem zweiten Bruder die Hand zu drücken, dabei röchelte er noch: »Gott verzeih mir meine Sünden.« Alle schrien und meine Mutter, die bald danach kam, war völlig durcheinander vor Schmerz. Ich war die einzige, die an diesem Tag überhaupt nicht geweint hat. Mein Schmerz kam erst nach der Beerdigung.

Ich war das Lieblingskind meines Vaters, nur für mich hatte er einen Kosenamen. Zu der Beerdigung meines Vaters kamen plötzlich zwei junge Männer mit Motorrädern, die meiner Mutter eine Botschaft der Mörder brachten. Sie übergaben meiner Mutter einen Zettel, darauf stand: Entschuldigung, wir haben uns geirrt, wir haben den Falschen getötet.

Unser Leben hat sich danach total geändert. Meine Mutter ist eine starke Frau, sie ist mit uns in die Stadt gegangen und hat ein neues Leben aufgebaut. Wir sind aber weiter bedroht worden. Man wollte uns warnen, etwas über den Vorfall zu erzählen. Ich vermisse meinen Vater bis heute. Ich habe die Schule frühzeitig abgebrochen und habe geheiratet. Mein Mann ist einfacher Arbeiter. Unsere Tochter ist vier Jahre alt. Mein Mann hat mich unterstützt, einen Schulabschluss nachzuholen, und er unterstützt jetzt mein Jurastudium.

Die Ermordung meines Vaters werde ich nie vergessen. Der Schmerz ist ganz tief. Mit meinem Mann habe ich nur einmal darüber gesprochen. Eine Psychotherapie habe ich nie gemacht. Aber die Gespräche mit anderen Opfern in den Selbsthilfegruppen und die Religion waren mir eine Hilfe. Auch mein Studium hilft mir dabei auf eine bessere Zukunft zu hoffen.

Gespräch mit Maria,* einer 42-jährigen Frau, in Barrancabermeja im Dezember 2011

Ihre Berichte sind von häufigem Weinen unterbrochen.

Mein ältester Sohn wurde im Jahr 2000 erschossen.

Ich bin hier in dieser Stadt geboren und habe eine ganz normale Kindheit und Jugend verbracht. Ich habe früh geheiratet und bin früh Mutter geworden. Mein ältester Sohn wäre heute

26 Jahre alt. Von der Gewalt in meiner Heimat war ich bis zur Ermordung meines Sohnes nur indirekt betroffen. Meine Schwiegermutter lebt in einem Stadtteil, in dem die Guerilla häufig Übergriffe gegen die Zivilbevölkerung unternommen hat, sie hat immer mal wieder davon erzählt. Aber in unserem Stadtteil war es eher ruhig.

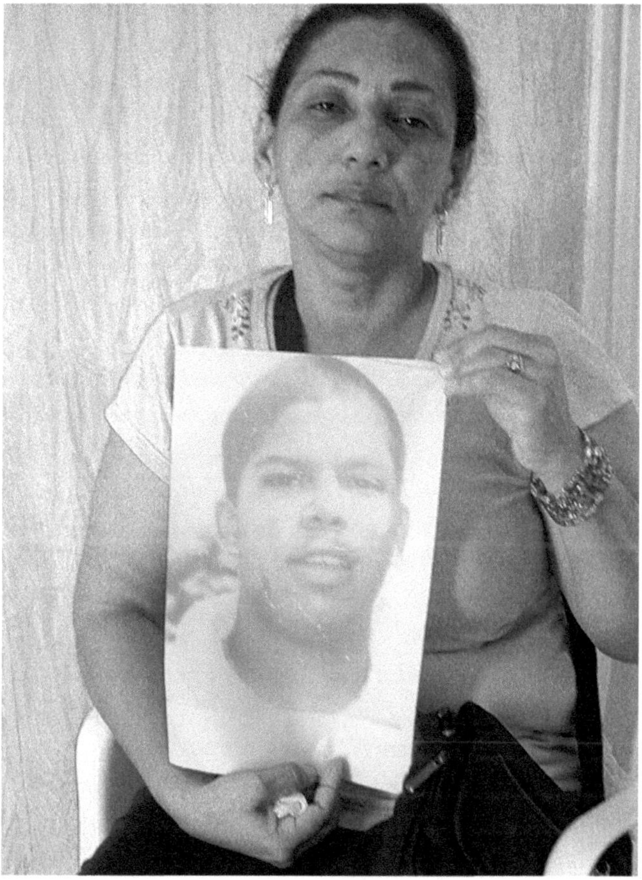

Maria mit Bild des ermordeten Sohnes (2011)*

An dem Tag seiner Ermordung schickte ich meinen Sohn abends gegen 9 Uhr zum Supermarkt, um Brot und Milch für das Frühstück zu holen. Als er zurück kam, unterhielt er sich in der Nähe unseres Hauses noch mit zwei anderen Jungen, die 14 und 18 Jahre alt waren. Die Mutter des einen Jungen war anwesend, sie hatte einen kleinen Verkaufsstand an der Straße. Plötzlich hielt ein Auto, Männer in Zivil stiegen aus und gingen auf die Jungen zu. Die anwesende Mutter des älteren Jungen glaubte, die Männer seien Mitarbeiter des DAS (Departamento Administrativo de Seguridad), die die Ausweise der Jungen kontrollieren wollten. Als die Männer plötzlich Waffen zogen, schrie die anwesende Mutter: »Das sind doch meine Kinder, die gehen noch zur Schule!« Mein Sohn soll noch gesagt haben, er sei minderjährig, aber die Männer zielten auf die Jugendlichen und schossen ihre Magazine leer. Sie stiegen dann wieder in ihr Auto und fuhren los. An einer anderen Stelle erschossen sie drei andere Jugendliche. Die Nachbarn, die die Schüsse gehört hatten stürzten sofort auf die Straße, wo sie die drei toten Jungen und die verzweifelte Mutter, die sich auf ihren Sohn geworfen hatte, fanden. Ein Nachbar kam zu mir und teilte mir weinend mit, dass auch mein Sohn Daniel blutend auf der Straße liege. Ich nahm meine beiden anderen Söhne, die damals 7 und 13 Jahre alt waren, in den Arm und schrie: »Sie haben euren Bruder umgebracht.« Mein Mann war völlig versteinert, er hat erst später sehr viel geweint.

Auf der Straße kamen viele Menschen zusammen, die alle durcheinander schrien. Einige riefen nach der Polizei. Es dauerte sehr lange, bis die ersten Hilfskräfte eintrafen. Die drei Jungen, die sofort tot waren, lagen noch stundenlang auf der Straße. Ich befand mich in einem totalen Schockzustand und war danach regelrecht krank. Ich hatte hohen Blutdruck und Schmerzen am ganzen Körper. Schlafen konnte ich nur mit sehr starken

Schlafmitteln. Am schlimmsten war das erste Weihnachten ohne meinen Sohn 2½ Monate nach seiner Ermordung. Ich habe keine Psychotherapie gemacht. Ich habe in der Bibel gelesen und viel gebetet und dann haben mir auch die Gespräche in den Selbsthilfegruppen und die Arbeit in den Opferverbänden geholfen. Aber am liebsten bin ich alleine. Es geht mir noch immer sehr schlecht. Manchmal träume ich, dass mein Sohn noch lebt und dann spreche ich im Traum mit ihm. Früher war ich ein fröhlicher Mensch, jetzt bin ich nur noch traurig.

Mein mittlerer Sohn, der jetzt 23 Jahre alt ist, macht viel Musik, er hat sich in die Musik gerettet. Eigene Kinder möchte er nie haben. Er möchte Kinder nicht der vielen Gewalt aussetzen. Mein jüngerer Sohn ist abhängig von Drogen geworden. Ich gehe oft in die Kirche, um für ihn zu beten. Ich wünsche mir für die Zukunft ein völliges Ende der Gewalt.

Gespräch mit Dora,* einer 64-jährigen Frau, in Barrancabermeja im Dezember 2011

Ich bin in Rio Negro in der Provinz Santander geboren. Ich bin schon früh mit Gewalt in Berührung gekommen, aber daran kann ich mich nicht erinnern. Mein Vater wurde, als ich zwei Jahre alt war, zur Zeit der Großen Violencia von Liberalen auf der Straße erschossen. Wir anderen haben uns danach auf einer Hacienda versteckt gehalten. Dort gab es eine Mahlzeit am Tage, die für meine Mutter und uns drei Kinder reichen musste. Später sind wir dann in eine große Stadt (Bucaramanga) gegangen. Dort habe ich auch geheiratet. Seit 30 Jahren lebe ich in Barrancabermeja.

Am 16.05.1998 ist mein damals 22-jähriger Sohn Opfer eines Massakers geworden. An diesem Tag drangen schwer bewaffnete

Paramilitärs in unseren Stadtteil ein. Wir hatten Angst und versuchten uns im Haus zu verstecken. Als es ruhig schien, sind einige auf die Straße gegangen, auch mein Sohn war dabei. Kurz darauf hörte ich, dass mein Sohn zusammen mit 32 anderen in einem Lastwagen mitgenommen worden sei. Wir gingen zur Polizei, um etwas über seinen Verbleib zu erfahren. Aber dort wusste man angeblich von nichts. Wir haben bis in die frühen Morgenstunden auf der Straße gestanden und auf irgendeine Nachricht gewartet. Dann kam das Gerücht auf, die 32 Verschwundenen seien nach Bucaramanga zum regionalen Paramilitär-Hauptquartier gebracht worden. Kurz darauf kam jedoch die Nachricht, dass alle 32 tot seien. Wir gingen zum Leichenschauhaus, aber dort war keine Leiche angeliefert worden. Wir gingen zum Sitz des Bataillons, aber auch dort gab es keine Nachricht. Später stellte sich heraus, dass das Massaker seit 6 Monaten vorbereitet war und dass sowohl die Polizei und auch das Militär informiert gewesen waren. Von 5 Toten sind später die Körper aufgetaucht. Die anderen blieben spurlos verschwunden.

Meine Gefühle waren neben der tiefen Trauer eine gewaltige Wut und Zorn auf den Staat, der uns nicht schützen konnte oder wollte. Nicht einmal die toten Körper der zumeist Jugendlichen haben sie uns ausgeliefert. Bis heute erscheint mir mein Sohn im Traum. Und ich habe die Hoffnung nicht aufgegeben, irgendwann wenigstens seine Knochen zurück zu bekommen. Eine Therapie habe ich nicht gemacht. Mir haben NGOs, die Selbsthilfegruppen und Opferverbände geholfen. Aber auch mein Glaube hat mich gestärkt, ich bete viel und gehe oft zur Messe.

Die Beerdigung der fünf Leichen, die 2003 aufgetaucht sind, wurde zu einer großen Demonstration der Wut gegen den Staat. Ich selbst habe jetzt keine Angst mehr. Ich habe auch, obwohl ich gewarnt wurde, Interviews im Fernsehen gegeben.

Buenaventura

Von unserer Finca sind es ungefähr 350 km bis Buenaventura, aber mit einem normalen Überlandbus sind wir einen ganzen Tag unterwegs, um die Stadt am Pazifik zu erreichen. Buenaventura ist die größte Hafenstadt Kolumbiens, fast 60% des kolumbianischen Außenhandels wird dort abgewickelt. Der Weg von San Agustin aus geht teilweise über unbefestigte Straßen in 3.000 Meter Höhe durch Hochmoorlandschaft und Urwald vorbei an der sehenswerten, wunderschönen Kolonialstadt Popayan nach Cali. Gleich hinter Cali geht es wieder in die Berge. Die Straße nach Buenaventura wird nicht selten zu einem anstrengenden Abenteuer. Neben umfangreichen Straßenbauarbeiten versperren immer wieder Erdrutsche und umgestürzte Bäumen den zahlreichen Lastwagen, PKWs und Bussen den Weg. Manchmal geht es nur im Schritttempo weiter. Wenn dann, meist nach Einbruch der Dunkelheit, der Busbahnhof von Buenaventura erreicht ist, bleibt noch die bange Frage, ob auch das Gepäck angekommen ist.

In einem Reiseführer, ich habe vergessen, in welchem, wird Buenaventura als die hässlichste Stadt Südamerikas beschrieben. Ich weiß nicht, ob das stimmt. Aber Buenaventura ist hässlich. Wenn man einen architektonisch schönen Stadtkern erwartet, sucht man hier vergebens, auch ein gepflegter Park ist mir nicht unter die Augen gekommen. Die meisten Häuser sind in der Farbe durch die feuchte Witterung verblichen und schmutziggrau, an vielen Stellen liegt der Müll auf der Straße und die Bürgersteige zwingen den Passanten auf den Boden zu schauen, um nicht über Löcher und andere Hindernisse zu fallen. In der Peripherie stehen die ärmlichen Hütten auf Stelzen in faulig riechenden Abwasser.

Doch Buenaventura ist auch sehr schön. Wenn man in die Gesichter der farbenfroh gekleideten Menschen schaut, wenn man sich auf die nie verstummende Musik in den Straßen einlassen und sich von dem oft gewaltig rauschendem Regen beruhigen lassen kann, bleibt einem nichts anderes übrig, als sich mit dieser Stadt anzufreunden. Zwischen 6 und 7 Uhr abends wird die Bucht in ein kaum zu übertreffendes, fast unwirkliches Farbenspiel der untergehenden Sonne getaucht. Aneinandergereihte Pelikane durchkreuzen das Licht, das von dem nach Tank und Algen riechenden Meereswind umspielt wird. In diesen Momenten möchte ich die Zeit anhalten, weil sie nicht ausreicht, um diese Schönheit mit allen Sinnen aufzunehmen.

Buenaventura ist inzwischen die größte Hafenstadt am Pazifik in Südamerika. Die Stadt hat etwa 400.000 Einwohner, und die überwiegende Mehrheit der Bevölkerung besteht aus Afro-Kolumbianern. Der Hafen kommt Tag und Nacht nicht zur Ruhe. Große Containerschiffe mit vielen unterschiedlichen Flaggen liegen oft in Warteposition vor der Hafeneinfahrt, während die anderen ent- und beladen werden. Seit kurzem gibt es noch ein zweites Hafenbecken etwas außerhalb vom Stadtzentrum. Nicht selten – vor allem nachts – kreisen Hubschrauber über dem Hafen, während gleichzeitig Polizeiboote mit großen Scheinwerfern das Wasser absuchen. Wie viele Drogen über den Hafen das Land verlassen, lässt sich nicht einmal ahnen.

An einem Landesteg neben dem alten Hafenbecken liegen viele kleine Boote, die Touristen und Bewohner zu den nahe gelegenen Stränden bringen. Direkt neben dem berüchtigtsten Elendsviertel der Stadt auf der anderen Seite des Bootsanlegesteges liegt der von den Einwohnern ›Acapulco‹ genannte Strand von Buenaventura. Etwas oberhalb hat gerade ein großes Hotel eröffnet. Reichtum und bitterste Armut liegen dicht beieinander – ein Nährboden für Gewalt?

Vor einigen Jahren habe ich mich mit einem Gymnasiallehrer und Menschenrechtsbeauftragten aus Buenaventura angefreundet. Er hat mich immer wieder mit Bewohnern der Comuna 12, dem Stadtviertel, in der seine Schule liegt, bekannt gemacht. Armut und Gewalt gehören hier zum Alltag.

Da ist zum Beispiel Victor, ein junger Mann, der gerade die Oberschule mit einem guten Abschluss verlassen hat. Victor hat künstlerisches Talent und schon als Jugendlicher beeindruckende Bilder gemalt, in denen er darstellt, was in Worten nicht zu beschreiben ist. Eine Aussicht auf eine Arbeit oder Ausbildung gibt es für ihn nicht. Jedoch kommen nicht selten Angebote von Mitgliedern paramilitärischer Gruppen, die ihm »gut bezahlte Arbeit« nach ihren Vorstellungen anbieten. Bisher hat er abgelehnt.

Durch Vermittlung des befreundeten Lehrers war es mir möglich, eingehende Gespräche mit Opfern der Gewalt in dieser Stadt zu führen und der wirklich hässlichen Seite Buenaventuras, die in keinem Reiseführer beschrieben ist, eine Stimme zu geben.

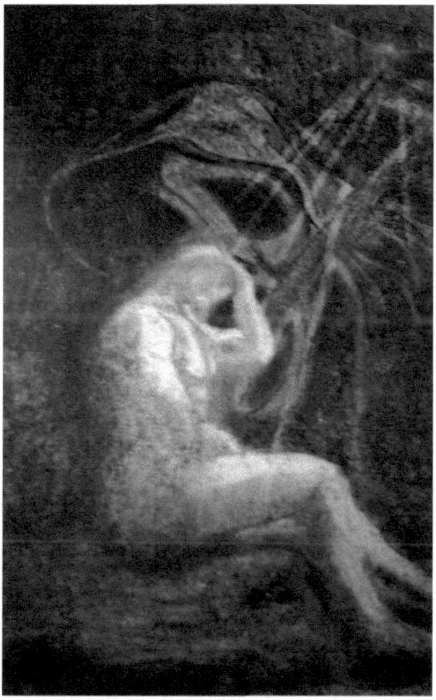

Zeichnung von Victor (2011)

Gespräch mit dem Ehepaar Saturnino,* beide Mitte 50, in Buenaventura im Dezember 2011

Beide berichten, aber überwiegend spricht der Mann.

Herr S.: Unsere Kindheit war ohne große Probleme, ich erinnere mich an eine glückliche Kindheit. Ich bin in Cali geboren und aufgewachsen und habe dort nach dem Schulabschluss studiert. Ich bin Elektroingenieur und habe eine Festanstellung hier im Hafen.

Frau S.: Ich bin mit 17 Jahren aus einer anderen Stadt nach Buenaventura gekommen. Buanaventura war für uns das Paradies. Bis in die 70er Jahre war es gut hier, aber die Zeiten haben sich verändert.

Herr S.: Morgen müssen wir unser Haus abgeben, für das ich 15 Jahre gearbeitet habe. Und das ist so passiert: Unser ältester Sohn studiert in Spanien. Er war zu Besuch hier, und da wurde ihm ein Geschäft angeboten. Er konnte und wollte das Geschäft aber nicht übernehmen und hat einen Freund empfohlen. Der Freund musste das Geschäft später mit Schulden aufgeben und ist nun verschwunden. Danach kamen Männer in der Dunkelheit zu uns und verlangten, dass unser Sohn die Schulden bezahle. Da er kein Geld hat, forderten sie das Geld von uns. Sie kamen immer zu mehreren in der Dunkelheit, manchmal auch nachts. Wir fürchteten um unser Leben und das unserer Verwandten. Die Männer forderten uns auf, unser Haus zu verkaufen und wiesen gleichzeitig darauf hin, dass der Erlös des Hauses nicht ausreichen würde. Wir hatten keine Wahl. Wir wissen nicht, wie das weiter geht.Die Polizei ist keine Hilfe. Es wurde uns klar, dass die Männer Angehörige der Paramilitärs sind und dass das angebliche Geschäft von Anfang an darauf angelegt war zu scheitern, um an unser Haus zu kommen. Wir sind da kein Einzelfall.

Wir leben sehr zurückgezogen und fühlen uns wie lebendig beerdigt. Wir haben Angst, über diese Angelegenheit zu sprechen, wir haben Angst, dass unseren Kindern und Enkelkindern etwas passiert.

Frau S. berichtet: Ich fühle mich sehr gestresst, ich leide unter Schlafstörungen, Kopfschmerzen und hohem Blutdruck. Ich mache keine Therapie, gehe aber regelmäßig zur Kirche und bete viel, das hilft mir etwas. Diese Zeit ist nicht Gottes Zeit.

Gespräch mit Lina,* einer 45-jährigen Lehrerin, in Buenaventura im Dezember 2011

Ich hatte eine glückliche Kindheit und war mit meinem Leben zufrieden, bis 2007 mein Vater von einer Bombe getötet wurde.

An diesem Tag war meine Mutter in der heiligen Messe, als die erste Bombe detonierte. Als mein Vater das hörte, war er sehr beunruhigt und ging aus dem Haus, um meine Mutter zu suchen. Da kam es zur zweiten Explosion, der mein Vater zum Opfer fiel. Wie wir später erfuhren, wurden die Bomben von der FARC gezündet und sollten eine Polizeistation treffen. Dabei wurden fünf zufällig am Ort anwesende Zivilisten getötet. Einer war mein Vater. Mein Vater war ein Mann, der jegliche Gewalt ablehnte. Bis zu diesem Tag war ich ein fröhlicher Mensch, aber danach war ich völlig verändert. Ich leide unter Depressionen und Schlaflosigkeit. Lange Zeit habe ich Schmerzen am ganzen Körper gehabt, es war ein Gefühl, als sei mir etwas herausgerissen worden. Ich war bis auf 40kg abgemagert und habe mich nur ganz langsam wieder erholt. Ich habe alles vernachlässigt, auch meine Kinder. Mein Mann hat mit mir gesprochen und gesagt, dass es so nicht weiter gehen könne, da ich ja auch die Verantwortung für meine Kinder habe.

Meinem Vater würde es nicht gefallen, wenn er sehen könne, wie ich mich verändert habe.

Ich habe viele Gespräche mit einer Psychologin geführt, die mir geholfen hat, den Schmerz etwas zu verarbeiten. Ich bin Mitglied einer Gebetsgruppe, der Glauben hat mir ein wenig geholfen. Ich hatte auch Gespräche mit einem Priester, weil ich mir Sorgen um meinen 15-jährigen Sohn mache. Er hat seinen Glauben verloren. Er ist aggressiv und voller Hass, er will zum Militär gehen, um seinen Großvater zu rächen. Er fragt: Wo war Gott, als mein Opa getötet wurde? Ich spreche mit meinen Kindern nicht über die Umstände unter denen mein Vater, der ein sehr guter Mensch war, getötet wurde. Die Zukunftsperspektive sehe ich schwierig, auch durch die allgemeine wirtschaftliche Not in dieser Gegend.

Gespräch mit William,* einem 26-jährigen Mann, verheiratet, 4 Kinder, zum Zeitpunkt des Interviews noch Angehöriger der Paramilitärs, im Dezember 2011

Ich bin hier geboren und habe vorübergehend in einer anderen Gegend gewohnt. Ich hatte 11 Geschwister. Meine Mutter war sehr fromm und hat viel Wert auf religiöse Rituale gelegt. Meinen Vater hat das gestört. Meine Eltern haben sich getrennt, als ich etwa 11 Jahre alt war. Mein Vater hatte auch vorher keine große Rolle für mich gespielt, weil er kaum zu Hause war und immer mehr Alkohol getrunken hat. Er war häufig total betrunken. Nach der Trennung meiner Eltern habe ich überwiegend auf der Straße gelebt. Manchmal habe ich im Haus eines Cousins geschlafen. Um etwas Geld zu haben, habe ich für andere Menschen Körbe getragen und Müll weg geräumt.

Mein großer Bruder war mein Vorbild, ich habe ihn sehr bewundert und geliebt, er war eine Art Vaterersatz.

In unserer Gegend gab es verschiedene Banden. Wir wussten von den Paramillitärs, dass sie Raubüberfälle machten, um zu Geld zu kommen. Als Kind wusste ich nicht, dass sie auch Menschen töten. Als Jugendlicher habe ich meinen ersten Raubüberfall gemacht. Ich wollte Geld besorgen für die Krankenhausbehandlung des Kindes meines Cousins. Ich hatte beobachtet, wie eine Losverkäuferin das eingenommene Geld in eine Tasche gesteckt hat. Ich habe dann ein Messer besorgt und das Messer der Frau an den Hals gehalten. Ich war ganz sicher, dass sie mir das Geld geben würde, was dann auch geschah. Ich habe aber nur das Geld behalten, was für das Krankenhaus notwendig war. Den Rest habe ich später der Frau zurück gebracht. Ich habe die Schule nach der dritten Klasse verlassen. Mit 15 Jahren bin ich Vater geworden. Mit meinem Bruder habe ich Geld durch Raubüberfälle erbeutet, was wir dann unserer Mutter gaben. Sie wusste aber nur von meinem großen Bruder, dass er auf kriminelle Art an Geld kam und wollte sein Geld nicht annehmen. Von mir hat sie das nicht gewusst. Einmal habe ich einen Mann bei einem Raubüberfall schwer verletzt. Ich hatte Angst, er könne sterben, was mich damals schwer belastet hat.

Etwas später habe ich mich entschlossen, mit meiner Frau an die Küste in eine andere Gegend in der Nähe zu gehen, wo die Eltern meiner Frau lebten. Da dieses Gebiet Guerilla Gebiet war, wollte mein älterer Bruder nicht mitkommen. Als ich nach einiger Zeit zurück kam, erfuhr ich, dass mein Bruder von einem vermeintlichen Freund erschossen worden war. Mein Bruder hatte wohl sehr viel Geld bei einem Banküberfall erbeutet. Einen Teil des Geldes hatte er unter Bekannte und Freunde verteilt und einen relativ großen Rest für sich behalten. Mein Bruder hatte immer zwei Revolver bei sich. Er hatte an dem Tag seiner

Ermordung in einem Restaurant gegessen, als er einen Anruf auf seinem Handy bekam. Um eine bessere Verständigung zu haben, ging er nach draußen und gab seinem »Freund« einen Revolver. Dieser erschoss ihn dann von hinten und nahm ihm alles Geld ab.

Als ich von seiner Ermordung erfuhr, war ich verrückt vor Wut und dachte nur daran, meinen Bruder zu rächen. Ich entführte das Mädchen, was an dem besagten Tag als Bedienung im Restaurant gearbeitet hatte und zwang sie unter Gewaltanwendung den Namen des Mörders zu nennen. Ich habe ihn so lange gesucht, bis ich ihn gefunden habe. Dann habe ich ihn getötet. Ich habe ihn mit Schüssen verletzt und mit einer Machete regelrecht zerstückelt. Dabei hatte ich das Gefühl einer Befriedigung. Nach dieser Tat habe ich mich den Paramilitärs angeschlossen. Meine Überlegung war damals, hätte mein Bruder dieser mächtigen Gruppierung angehört, hätte es keiner gewagt, ihn zu töten. Ich war damals 18 Jahre alt.

In den folgenden Jahren habe ich viele Menschen getötet, ich weiß nicht die Zahl. Besonders bei Machtkämpfen zwischen verschiedenen Gruppierungen gab es regelmäßig viele Tote. Das Töten ist zu einem Geschäft geworden. Es ist wie eine andere Arbeit auch. Meinen obersten Chef kenne ich nicht. Befehle müssen ausgeführt werden. Unsere Gruppierung ist die mächtigste und gefährlichste im Land. Manche unserer Mitglieder sind scharf auf das Töten und einige fühlen sich schlecht, wenn sie noch keinen Menschen umgebracht haben.Ich erinnere mich an ein Ereignis, bei dem wir einen Kleinbus mit 5 Menschen, die völlig unbeteiligt und unschuldig waren, überfallen und alle ermordet haben. Ich habe zwei von ihnen getötet. Danach haben mich die Gesichter der Menschen noch eine Weile bis in den Schlaf verfolgt. Seit ungefähr zwei Jahren habe ich niemanden mehr ermordet. Ich möchte aussteigen und suche nach einem Weg. Mit meiner Frau gibt es jeden Tag Auseinandersetzungen. Sie will nicht, dass ich diese »Arbeit« mache. Aber es ist gefährlich, die Gruppe zu verlassen. Für die Oberen gibt es durch das Gesetz Gerechtigkeit und Frieden und die Möglichkeit auszusteigen. Für die Kleinen und Mittleren gibt es kein Programm. Unser jüngstes Kind ist drei Monate alt. Ich muss Geld verdienen. Ich habe keinen Beruf, bin aber sehr intelligent. Ich möchte weg von hier. Wissen Sie eine Alternative für mich? – Irgendeine Arbeit in einer anderen Gegend? Ich selbst habe keine Angst vor dem Tod, aber ich habe Angst um meine Kinder, wenn ich sterbe.

Gespräch mit Esmeralda,* einer Lehrerin, 44 Jahre, in Buenaventura im Februar 2012

Mein erster Mann wurde ermordet. Das war vor 15 Jahren. Es waren bestellte Mörder. Der Grund war eine außereheliche Beziehung meines Mannes, von der ich nichts wusste. Ich habe sehr gelitten. Etwas später bin ich eine neue Partnerschaft eingegangen. Die Beziehung ist sehr gut, mein Mann ist Busfahrer, er fährt die Strecke zwischen Buenaventura und Cali. Seit Dezember ist er verschwunden. Sein Auto wurde mit offener Tür in der Nähe unserer Wohnung gefunden. Das Auto zeigte keine Spuren eines Kampfes. Mein Mann hatte zwei Handys. Ein Handy war noch intakt nach seinem Verschwinden. Wir haben Nachrichten geschrieben, die er bekommen hat, aber es gab keine Antwort. Seit dem 13.01. ist auch das Handy abgeschaltet. Es gibt kein Lebenszeichen und ich kann mir nicht vorstellen, was passiert ist. Ich konnte nach seinem Verschwinden nicht essen und nicht schlafen. Ich wusste nicht, was ich tun sollte. Die Polizei habe ich nicht eingeschaltet, weil ich kein Vertrauen habe. Ich habe Unterstützung durch meine Familie, was mir sehr hilft, ich habe wieder angefangen etwas zu essen.

Schlafen kann ich immer noch nicht. Ich fühle mich wie gelähmt, hilflos und traurig. Meine Arbeit als Lehrerin hilft mir, andere Gedanken zu bekommen. Mein Glaube hat mir in der letzten Zeit auch geholfen. Ich bete viel. Ich hoffe immer noch, meinen Mann lebend wieder zu sehen.

Gespräch mit Helen, 14 Jahre, im November 2012

Einige Monate später habe ich mich mit der 14-jährigen Helen getroffen und im Beisein ihrer Lehrerin mit ihr gesprochen. Helen ist Afrokolumbianerin, sie ist in Buenaventura geboren. Helen war in der Schule durch zunehmende Unruhe und Aggressivität aufgefallen. Ihre Lehrerin hatte mit ihr über ihre Lebenssituation und die Hintergründe ihres veränderten Verhaltens Gespräche geführt. Im Gespräch mit mir wirkte sie emotional sehr angespannt, verunsichert und eher verschlossen.

Helen hatte den Wunsch geäußert mit mir zu sprechen, es fiel ihr aber sichtlich schwer. Im Verlauf eines längeren Gesprächs ergab sich folgendes Bild: Die Kindheit war wohl für das Umfeld, in dem das Mädchen aufgewachsen war, relativ unauffällig. Die Familie war arm, hatte aber genug zum Leben. Dann kam es zunehmend zu Gewalt zwischen den Eltern und schließlich zur Trennung. Helen fühlte sich mehr zur Mutter hingezogen, lebte aber abwechselnd beim Vater und bei der Mutter. Die Gewalt zwischen den Eltern hielt auch nach der Trennung an. Vor einem Jahr verliebte sie sich in einen sehr schönen 17-jährigen Jungen. Es war die Art, wie er mit ihr umging, die sie faszinierte. Der Junge war Angehöriger einer paramilitärischen Gruppe. Sie berichtete, er habe manchmal von seiner »Arbeit« erzählt, aber nicht alles. Sie habe einmal aus dem Nebenzimmer gehört, wie mehrere Jungen ein Mädchen gequält und vergewaltigt hätten. Sie habe die Schreie des Mädchens gehört und habe schreckliche Angst gehabt. Sie sei einmal in ein Haus gekommen, das voller Waffen gewesen sei. Ihre Freundin sei auch von 5 Jungen vergewaltigt worden, sie selbst habe entkommen können. Vor acht Monaten habe sie erlebt, wie ihr Onkel bei einem Raubüberfall erschossen worden sei. Zwei Monate zuvor habe es das Gerücht gegeben, sie sei vergewaltigt worden, es sei viel über sie geredet worden. Sie habe in der Zeit vermehrt Alkohol getrunken. Schließlich habe ihr Freund das auf »seine Art erledigt«, danach sei nicht mehr darüber geredet worden.

Der Kontakt zu ihrem Freund sei jetzt sehr selten. Es habe einen Krieg zwischen zwei konkurrierenden Banden gegeben. Der Freund gehöre zur Bande der Verlierer. Er habe sich zurück gezogen und arbeite nur noch als Goldsucher. Sie vermisse ihn, aber ihre größte Angst sei, dass ihr Vater ihre Mutter töten werde. Für die Zukunft wünsche sie sich, die Schule zu beenden und das Land zu verlassen. Sie möchte nach Puerto Rico gehen.

Am nächsten Tag besuchte ich die FUNDEMUJER, eine Organisation, die seit 20 Jahren vor allem jugendlichen Schwangeren hilft. Es gibt dort 35 Schlafplätze, 15 sind für Jugendliche bestimmt. Es werden nur Frauen aufgenommen, die entweder aus Familien mit allein erziehendem Elternteil kommen oder aus Familien mit familiärer Gewalt, sowie Schwangere, die aus dem Umfeld von Drogen und Kriminalität kommen. 80% der jugendlichen Bewohnerinnen sind aus Unerfahrenheit und Unwissenheit schwanger geworden. 20% sind Gewaltopfer. In der Einrichtung habe ich mit zwei Jugendlichen gesprochen.

Gespräch mit Estefania, 15 Jahre, im November 2012

Estafania ist gerade 15 Jahre alt und im siebten Monat schwanger. Insgesamt wirkt sie eher kindlich. Mir gegenüber verhält sie sich freundlich, zutraulich und auch neugierig. Sie berichtet:

Ich fühle mich gut hier. Ich habe in einem kleinen Ort etwas entfernt von hier gewohnt. Ich wollte nicht zur Schule gehen, ich hatte meine Freunde auf der Straße. Meine Freundinnen und

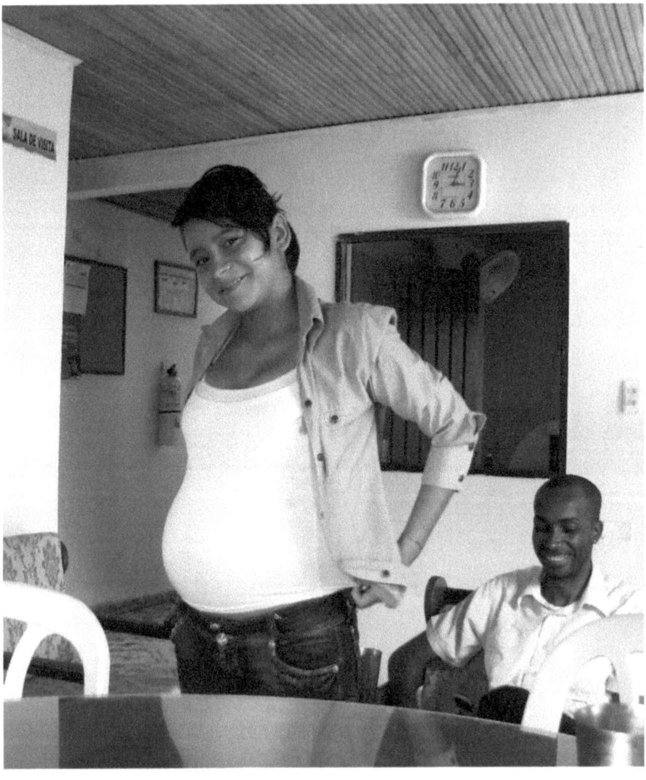

Estefania (2012)

Freunde haben viele Drogen genommen. Ich war nicht abhängig, ich habe alles nur probiert. Ich bekam genug zu essen zu Hause, aber das Leben auf der Straße war interessanter. Dann bin ich schwanger geworden, danach hat sich mein Freund von mir getrennt. Etwa zur gleichen Zeit wurde meine Freundin entführt. Da habe ich Angst bekommen und bin in diese Einrichtung gegangen. Etwas später habe ich erfahren, dass meine Freundin ermordet worden ist. Hier gehe ich wieder zur Schule, nicht besonders gerne, aber es ist eine Voraussetzung, um hier zu wohnen. Ich kann hier bleiben, bis mein Baby 6 Monate alt ist. Wie es dann weiter geht, weiß ich noch nicht.

Gespräch mit Eileen, 14 Jahre, im November 2012

Eileen ist ein anderes Mädchen in dieser Einrichtung. Sie möchte auch über ihre Situation sprechen, ist dann aber schnell überfordert und fängt an, lautlos zu weinen. Aus Bruchstücken, die sie erzählt und aus Ergänzungen der Betreuer erfahre ich folgende Geschichte:

Eileen ist erst seit 15 Tagen in der Einrichtung. Sie hat jede Nacht schreckliche Albträume und uriniert immer im Schlaf ins Bett. An den nicht bedeckten Körperteilen fallen frische Narben unterschiedlicher Größe auf. In ihrer Familie gab es keine materielle Not, aber sie war sich selbst überlassen. Eileens Eltern sind schon 60 Jahre alt und körperlich krank. Sie ist die jüngste von 11 Geschwistern.

Zusammen mit einem anderen Mädchen war sie vier Wochen lang in der Gewalt einer paramilitärischen Bande. Sie sei schrecklich gequält und vergewaltigt worden. Es seien acht oder neun Männer gewesen. Einige hätten sie ermorden wollen, andere seien dagegen gewesen. Sie glaube, das andere

Mädchen habe nicht überlebt. Es sei plötzlich nicht mehr da gewesen und Eileen habe ein blutiges Beil im Haus gesehen. Sie selbst sei dann irgendwo ausgesetzt worden. Sie sei jetzt schwanger. Eileen berichtet, sie wolle nicht in der Einrichtung bleiben. Sie wolle an den Männern Rache nehmen und danach wolle sie sich und ihr Kind vergiften. Sie wisse genau, wo die Männer seien, die sie gequält haben.

Ich erfahre, dass Eileens Schicksal kein Einzelschicksal ist. So etwas geschähe hier tagtäglich in den verschiedenen ›barrios‹. Die Täter seien oft bekannt, aber aus Angst unternehme niemand etwas. Auch die Polizei sei machtlos.

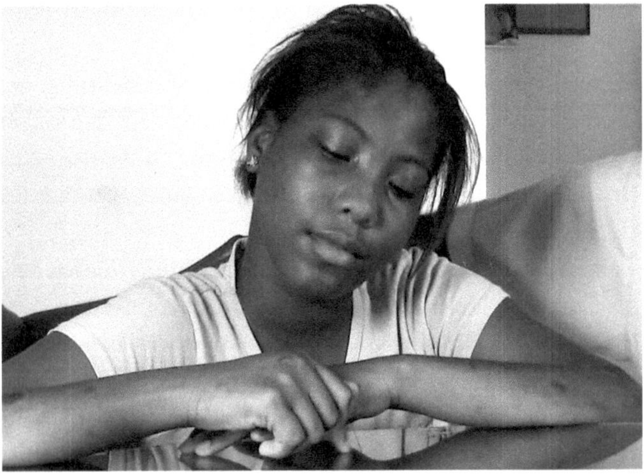

Eileen (2012)

Putumayo

Der Putumayo-Fluss entspringt südlich des Magdalena und mündet in den Amazonas.Putumayo heißt auch die Provinz, der er den Namen gegeben hat. Die Hauptstadt Mocoa liegt an den Osthängen der Anden. Die Landschaft ist von wilder Schönheit. Die tropisch-üppige Vegetation wird von herabstürzenden Gebirgsbächen umspült. Etwas weiter südöstlich beginnt das weite Amazonasbecken mit undurchdringlichem tropischen Regenwald, die Heimat der großen Papageien. Neben Erdöl und Coltan spielt in dieser Gegend die Cocapflanze eine große Rolle. Sie gedeiht gut in dem Klima an den Osthängen der Anden. Hier lebt überwiegend eine indigene Bevölkerung. Menschenrechtsverletzungen durch verschiedene Gruppierungen werden auch hier seit vielen Jahren bis heute beschrieben. Je näher die Grenze zu Ecuador kommt, umso mehr bestimmen Pipelines und gepanzerte Militärfahrzeuge das Bild. Viele Häuser in dieser Gegend sind verlassen. Hier ist über große Gebiete kaum noch etwas von der ursprünglichen Wildheit der Landschaft zu sehen. Der Regenwald wurde Viehweiden und der Förderung von Bodenschätzen geopfert. Menschen, die dort leben, berichten immer wieder von Sprühflugzeugen, die Pestizide über die Pflanzen verteilen. Das Gift gilt dem Cocastrauch. Neben dieser schönen, eher unspektakulär aussehenden Pflanze, die außer der Herstellung von Kokain auch viele gute Eigenschaften hat, werden jedoch Nutzpflanzen sowie Menschen und Tiere geschädigt. Die Campesinos fordern Aufklärung und Schadensersatz.

Bei einem unserer Besuche in Putumayo trafen wir eine Häuptlingsfamilie, die aus der Gegend von Puerto Aziz in die Nähe der Hauptstadt umgesiedelt wurde. Hier wohnen viele andere Familien mit ähnlichem Schicksal. Der Ort liegt unweit der Hauptstadt Mocoa, die Gegend ist gebirgig und bewaldet. Die Familie, die wir besuchten, lebt in der Nähe eines Flusses. Das Leben ist sehr einfach. Nicht selten kommen Menschen aus den großen Städten, aus den USA und auch aus Europa hierher, um die Rituale der Indios und vor allen das legendäre Ayahuasca, oder mit anderem Namen Yajé, kennenzulernen. Ayahuasca ist ein Gebräu aus einer Urwaldlianenart, die Monoaminooxidase-Hemmer enthält, und aus Blättern einer Dimethyltryptaminhaltigen Pflanze. Dieses Gebräu wird im Rahmen von Ritualen eingenommen. Es erzeugt starke Halluzinationen, bei denen die halluzinatorischen Wahrnehmungen unter den Teilnehmern dieser Rituale, wie mir berichtet wurde, identisch sind. Dadurch soll die Kommunikation und das Gemeinschaftsgefühl unter ihnen intensiviert werden. Nebenwirkungen sind starkes Erbrechen und Durchfall. Von den Indios wird dieses Mittel als Reinigung für Körper und Seele gepriesen und auch als Grundlage für eine lange Gesundheit angesehen.

Die Frau des Häuptlings habe ich zu ihrer Lebensgeschichte befragt. Danach habe ich ein längeres Gespräch mit einer schwer traumatisierten Frau in Mocoa geführt. Wenig später habe ich mich an einem anderen Ort mit zwei Frauen getroffen, die aus Putumayo fliehen mussten. In langen Gesprächen habe ich von ihren Erlebnissen erfahren. Diese Gespräche gebe ich hier wieder.

Gespräch mit Lorena,* einer 52-jährigen Indiofrau, im Januar 2012

Der Mann dieser Gesprächspartnerin ist als traditioneller Heiler bekannt. Die Frau ist nach eigenen Angaben in der Gegend von Puerto Azis in Putumayo geboren und aufgewachsen. Als die FARC-Guerilla in ihr angestammtes Gebiet kam, wurde sie zur Arbeit gezwungen und musste Lebensmittel zur Versorgung der Guerilleros abgeben. Später kamen die Paramilitärs und beschuldigten sie der Unterstützung der Guerilla. Da mehrere Menschen in der Nachbarschaft von den Paramilitärs ermordet worden waren, begann sie um ihr Leben und das ihrer Kinder zu fürchten. Sie beschloss zusammen mit ihrer Familie ihr Land und alles, was sie sich in 15 Jahren aufgebaut hatten, zu verlassen. Der Familie sei dann von einem anderen Indianerstamm Land geschenkt worden. Ihre Familie habe sich auf dem Land, wo sie jetzt lebe, niedergelassen und mit viel Fleiß eine neue Existenz aufgebaut. Die Regierung habe Zement zum Hausbau angeboten, aber sie hätten darauf verzichtet, weil sie in ihrer gewohnten Weise weiter leben wollten. Gemeinsam mit ihrem Mann bewahre sie die Traditionen ihres Volkes und übermittle traditionelle Heilmethoden auch an Menschen, die von weit her kommen. Ihr Glaube und die Arbeit helfe, den Stress der Vergangenheit zu verarbeiten.

Gespräch mit Eulalia,* einer 50-jährigen Frau, und ihren beiden Töchtern (21 und 19 Jahre alt) in Mocoa (Putumayo) im Januar 2012

Die Mutter berichtet:

Ich bin in San Josè de Isnos (Huila) geboren und aufgewachsen. Meine Eltern waren arm, aber arbeitsam und sanftmütig. Meine Kindheit war sehr schön. In meiner Jugend hatte ich einen Unfall und musste an einer Niere operiert werden. Mein Leben war schon vor der Gewalt von Außen durch familiäre Gewalt belastet. Meine Partner, verheiratet war ich nie, waren gewalttätig. Mein erster Partner, der Vater meiner Töchter, nahm mich

Eulalia (2012)*

mit in die Provinz Putumayo. Er kaufte dort eine Finca, die in einem von der Guerilla beherrschten Gebiet lag. 2003 kamen die Paramilitärs in das Gebiet und warfen uns vor, die Guerilla zu unterstützen. Einige Zeit später kamen die Guerilleros und warfen uns vor, Unterstützer der Paras zu sein. Wir wurden von beiden Seiten bedroht.

Mein Partner ging dann in die Berge, wo er später umgekommen ist. Ich hatte danach einen kleinen Laden, der nicht viel abwarf, aber doch half, den Lebensunterhalt zu bestreiten. Der Sohn einer befreundeten Nachbarin war damals freiwillig zum Militärdienst gegangen. Als er einige Tage Urlaub hatte, kam die Guerilla und suchte nach ihm. Er konnte sich für eine kurze Zeit in meinem Laden verstecken, aber dann fanden sie ihn doch und erschossen ihn auf der Stelle. Seit dieser Zeit wurden mein zweiter Partner und ich verstärkt von den verschiedenen Gruppen verfolgt und bedrängt. Einige Zeit später holten uns die Paramilitärs ab und brachten uns in ein Haus, in dem Menschen gefoltert wurden. Wir wurden auch gefoltert. Sie haben mir Nadeln in die Zunge gebohrt, sie haben mich mit Peitschen geschlagen und an den Beinen verbrannt. Sie fragten nach der Guerilla, aber wir hatten nichts mit denen zu tun. Ich habe dabei weder Angst noch Schmerzen gespürt, das kam erst später, in der Situation war ich wie erstarrt. Mein Partner wurde bei der Folter getötet.

Danach bin ich mit meinen Töchtern zunächst nach Mocoa in die Stadt gegangen, um Schutz zu suchen. Ich traf dort eine Frau, die eine verlassene Finca in der Nähe von Villa Garzon besaß. Sie fragte mich, ob ich ihre Finca für sie verwalten und bestellen wolle. Ich sagte sofort zu, obwohl die Finca weit von der Stadt entfernt ist. Dort haben mich zwei Typen, die ich schon vorher in der Stadt gesehen hatte, ständig verfolgt. Ich vermute, dass sie von der Guerilla waren, weil ich ja vorher den Sohn der Nachbarin, einen Militärangehörigen versteckt hatte. Eines Tages im Jahr 2009 war ich unterwegs nach Villa Garzon und hatte die Stadt fast erreicht, da kamen die beiden wieder und einer zog eine Waffe aus der Tasche.Ich empfand keine Angst, kann mich aber nicht erinnern, was danach geschah. Etwa acht Tage später bin ich in Pasto zu Bewusstsein gekommen. Ich fühlte keine Schmerzen. Meine linke Gesichtshälfte war unter einem Verband verborgen. Aber ich erinnere mich, dass ich mich sehr wohl fühlte. Die Umgebung war wunderbar, ein sehr schön gekleideter junger Mann war ständig bei mir und erzählte mir, ich hätte ein Examen bestanden. Erst nach längerer Zeit wurde mir bewusst, dass ich nicht in der Realität lebte. Langsam erkannte ich, dass ich mein linkes Auge verloren hatte. In meinem Kopf sind noch Splitter. Ich leide unter heftigen Kopfschmerzattacken. Manchmal verliere ich das Bewusstsein. Ich bin sehr wenig belastbar und vergesse viel. Ich kann mich schlecht konzentrieren, bin schnell erregt und ich weine oft.

In der ganzen schweren Zeit hat mir mein Glaube geholfen. Eine Psychotherapie habe ich nie gemacht, aber ich bete viel. Ich muss aber ständig Medikamente nehmen wegen der Ohnmachtsanfälle.

Die ältere Tochter Jenny berichtet:

Es war im Februar 2009 zwischen 18.30 und 19 Uhr, ich war in der Küche und bereitete das Abendessen vor, als es plötzlich an der Tür klopfte. Ein Nachbar stand vor mir und sagte: Sie haben deine Mutter umgebracht. In völliger Verzweiflung fuhr ich zusammen mit meiner Schwester auf meinem Moped zu dem Ort des Geschehens.

Wir fanden unsere Mutter auf dem Bauch liegend regungslos in einer großen Blutlache. Es gelang mir mit meinem Mobiltelefon ein Taxi zu rufen. Obwohl er es nicht durfte, half uns der Taxifahrer, meine Mutter in die Stadt zu bringen und wir merkten, dass sie noch atmete. Sie wurde dann mit der Ambulanz über Mocoa nach Pasto zur Behandlung ins Krankenhaus gebracht. Seit dieser Zeit hat sich meine Mutter in ihrer Persönlichkeit sehr verändert. Sie will es nicht wahr haben, aber sie hat epileptische Anfälle, sie ist viel empfindlicher geworden und vergisst schnell, bringt Dinge durcheinander und weint viel. Mir selbst fällt es sehr schwer, über all diese Grausamkeiten zu sprechen. Besonders in der Zeit 2003/2004 war es ganz schlimm. Als Jugendliche habe ich immer wieder tote und verstümmelte Menschen auf der Erde liegen sehen. Meinem damals 18-jährigen Halbbruder (Sohn des Vaters) wurde die Kehle durchgeschnitten. Das Bild seines toten Körpers ist mir in schrecklicher Erinnerung. Das waren vielleicht die Paramilitärs, aber sicher weiß ich es nicht. Ich bin voller Wut und Zorn. Wir sind immer zwischen die kämpfenden

Gruppierungen geraten, obwohl wir mit keiner Seite sympathisierten. Keiner hat uns geholfen, nicht die Regierung und auch keine andere Organisation.

Die jüngere, im 6. Monat schwangere Tochter spricht kaum. Sie bestätigt durch Gesten die Berichte der Mutter und der Schwester. Sie weint während des Gesprächs fast ununterbrochen lautlos vor sich hin.

Gespräch mit Roxana,* einer 37-jährigen Frau, die aus Putumayo flüchten musste, im Januar 2012

Ich bin in Putumayo auf dem Land aufgewachsen. Meine Kindheit und Jugend waren schön. Das einzig belastende war, dass meine Mutter an einer Tuberkulose schwer erkrankt war. Aber das Leben dort war ohne Probleme. Wir hatten alles, was wir zum Leben brauchten. Es gab die vielen Früchte, die Fische in den Flüssen und das Fleisch der Tiere aus den Bergen. Mein Vater ist ein Häuptling unseres Stammes und wir lebten nach den alten Traditionen. Wir hatten keine Elektrizität und keine Wasserleitung, aber das Leben war schön, bis die Gegend von der Guerilla besetzt wurde. Das war im Jahr 2000, ich war damals 25 Jahre alt. Wir waren danach ständig auf der Flucht vor der Gewalt. Das Militär suchte nach der Guerilla. Nachts warfen sie Bomben. Unsere Häuser bebten. Sie warfen Dinge aus den Hubschraubern, die das ganze Tal hell erleuchteten, manchmal warfen sie Bomben, die die Hütten in Brand setzten. Wir lebten in ständiger Angst. An einem Tag zwang die Guerilla unsere Familie und andere Campesinos der Gegend, sich an einem Platz zu versammeln, wo Erdöl gepumpt wurde. Wir sollten die Förderung verhindern. Dann kam das Militär und warf eine Bombe mitten in die versammelten Menschen. Es gab viele Schwerverletzte, von denen nur zwei mit schweren Behinderungen überlebt haben. Mein Bruder und vier Nachbarn wurden auf der Stelle getötet. Wir standen unter Schock, die Verletzten schrien, es gab keine Hilfe von außen. Bei mir war auch mein damals dreijähriger Sohn. Ich war erregt und völlig durcheinander.

Die Kämpfe zwischen den Parteien zogen sich über viele Jahre hin. Wir lebten mitten im Kampfgebiet und konnten oft unsere Häuser nicht verlassen. Eine Gewehrkugel schlug direkt neben mir ein, als ich vor dem Haus fegte. Wir konnten nicht fliehen, wir wussten nicht wohin und hatten auch kein Geld. Es gab sehr viele Tote. Die Leichen wurden in den Fluss geworfen. Am schlimmsten war es, wenn die Paramilitärs kamen. Sie kamen mit Autos und hatten die Gesichter hinter Masken verborgen, man sah nur die Augenschlitze. Sie raubten und töteten regelmäßig, wenn sie Häuser betraten. In den Dörfern wurden auch Frauen vergewaltigt, davon habe ich gehört. Die Frauen wurden danach von den Paramilitärs getötet. Unsere Familie ist jedes Mal, wenn wir hörten, dass die Paras kamen, in die höchsten Berge geflüchtet. In unserer Hütte gab es nichts zu rauben, weil wir nichts von materiellem Wert besaßen. 2008 wurde mein Mann von den Militärs beschuldigt, ein Angehöriger der Guerilla zu sein, was eine pure Lüge war. Ich ging zu den Militärs und sagte ihnen, dass er nichts mit der Guerilla zu tun habe. Danach kamen Leute von der Guerilla, und sie wollten meinen Mann töten, weil sie glaubten, er habe mit dem Militär eine Verbindung. Er konnte sich aber verstecken und flüchten. (Er hat heute mehr Angst, vom Militär, als von der Guerilla getötet zu werden.) Wir sind dann in eine andere Gegend gegangen. Wir leben hier seit etwa zwei Jahren und versuchen durch Hilfe bei der Kaffeeernte das nötige

Geld zum Überleben zu verdienen. Mir geht es hier nicht gut. Ich vermisse mein Land und meine Familie. Ich habe oft Alpträume und quälende Erinnerungsbilder. Wenn ich Uniformen auf der Straße sehe, gerate ich in Erregung. In den vielen Jahren der Gewalt bin ich immer nervöser und ängstlicher geworden. Meine Eltern haben mir in den Jahren sehr geholfen und auch mein Glaube an Gott.

Gespräch mit Lucrecia,* der 42-jährigen Schwägerin von Roxana* im Januar 2012

Sie berichtet, das schlimmste Erlebnis ihres Lebens sei die Ermordung ihres Mannes gewesen. Sie sei damals 22 Jahre alt gewesen. Ihr Mann sei Polizeiinspekteur gewesen, Er habe mehrere Funktionen gehabt und sei daher Ziel für die Guerilla gewesen. Eines Tages sei ein Mann in einem schwarzen Hemd mit einer Pistole in ihr Haus gekommen. Sie habe Schüsse gehört und sei zu ihrem Mann gelaufen. Ihr Mann, der bereits getroffen war, habe sich zu ihr umgedreht und gerufen: Versteck Dich, die bringen Dich um. Dann sei er ein zweites Mal in den Kopf getroffen worden. Der Mann mit der Pistole sei weg gelaufen und sie habe um Hilfe geschrien. Ihr Mann sei dann auf dem Weg in ein Krankenhaus verblutet. Sie habe später im Leichenschauhaus seine geöffnete Leiche gesehen. Dieses Bild könne sie nie vergessen. In der Folge sei sie ständig bedroht worden. Man habe ihr zu verstehen gegeben, wenn sie weiter mit der Regierungsseite zusammen arbeite, werde sie auch getötet. Sie habe in ständiger Angst gelebt. Zwei Mal sei sie von ihrem Land vertrieben worden. Seit einem Jahr lebe sie jetzt in der Stadt. Sie habe alles verloren und leide unter materieller Not. Sie habe viel erlebt und schreckliche Dinge wie verstümmelte Leichen gesehen. Das Einzige, was ihr geholfen habe, sei ihr persönlicher Glaube an Gott, der aber nichts mit der offiziellen katholischen Kirche zu tun habe. Eine Therapie habe sie nicht gemacht, sie habe weder das Bedürfnis noch die Möglichkeit dazu gehabt.

Ruanda

Es war die Einladung eines Kollegen, der ab 2005 mehrere Jahre in Ruanda gearbeitet hatte, die mich zu dieser Reise motivierte, und natürlich auch der Wunsch, mir ein Bild von dem Land zu machen, über das ich so viel gelesen und gehört hatte. Ich hatte keine Vorstellung von dem Land, als ich in Kigali landete. Überhaupt war mir Afrika als Kontinent eher fremd. In meiner Vorstellung sah ich die einzigartige Tierwelt aus den Dokumentarfilmen, heiße Sonne, ausgetrocknete Landschaften und hungernde Menschen. Ruanda ist der zweitkleinste und am dichtesten besiedelte Staat auf dem afrikanischen Festland. Ungefähr 430 Einwohner leben auf einem Quadratkilometer. Die Hutu sind mit 84% die größte Bevölkerungsgruppe, gefolgt von den Tutsi mit 16%, die kleinste Gruppe sind die Batwa mit ungefähr 0,1%. Sie alle sprechen die gleiche Sprache, das Kinyarwanda. Es gibt viel Literatur, die sich mit der Unterscheidung der Volksgruppen beschäftigt, aber sie sind nicht eindeutig. Einer etwas einfachen und gängigen Beschreibung nach, die sich in abgeänderter Form immer wieder findet, sind die Batwa sind die eigentlichen Ureinwohner. Sie sind körperlich klein und leben in Dorfgemeinschaften unter sehr einfachen Bedingungen. Früher waren sie Jäger, sollen aber auch an den Höfen der Könige als Gaukler und auch als Henker gelebt haben. Noch heute leben Gruppen der Batwa in Nachbarländern sehr ursprünglich in den Urwäldern. In der Literatur werden die Hutu überwiegend als Ackerbauern,

Ziegenzüchter und gegenüber den Tutsi als körperlich kleiner beschrieben, während diese als Rinderzüchter, körperlich größer und als sozial höherstehend aus einer gebildeteren Schicht beschrieben werden. Manchmal werden sie mit dem Adel gleichgesetzt. Die gesellschaftliche Realität hält dieser eindeutigen Unterscheidung nicht stand. So gab es zur Zeit des Völkermordes im Jahre1994 zahlreiche gemischte Familien. In den Personalpapieren musste die ethnische Zugehörigkeit vermerkt werden, was, so wurde mir berichtet, eine Erfindung der belgischen Kolonialverwaltung war, die dadurch zur Verschärfung der ethnischen und sozialen Konflikte beigetragen hat.

Zwischen Hutu und Tutsi hat es seit langer Zeit immer wieder zum Teil sehr blutige Auseinandersetzungen gegeben. Grausamkeiten werden beiden Volksgruppen zugeschrieben. Zum Beispiel wurden 1972 in Burundi zwischen 100.000 und 300.000 Hutu durch das von einem Tutsi-Clan dominierte Militär-Regime ermordet, wie Helmut Strizek in seinem Werk *Geschenkte Kolonien* beschreibt. Von April bis Juli 1994 wurden in Ruanda mindestens 800.000 Menschen ermordet, die meisten von ihnen von Angesicht zu Angesicht mit Macheten. Die Mehrheit der Opfer trugen die Bezeichnung Tutsi in ihrem Ausweis, aber auch oppositionelle Hutu und Batwa waren unter den Opfern.

Es war 11 Jahre nach dem Völkermord, als ich zum ersten Mal nach Ruanda gefahren bin. Ich hatte einige Bücher gelesen, die den Völkermord zum Thema hatten. Ich erinnerte mich noch gut an die Bilder, die das Fernsehen gezeigt hatte. Aber näher war mir damals der Krieg in Jugoslawien gewesen. Der erste Eindruck in Kigali waren die vielen Menschen, die sich in den Straßen drängten. Die Stadt wirkte auf mich bunt, laut, heiß, staubig und chaotisch. Den ersten Kontakt hatte ich mit Europäern, die dort überwiegend für Hilfsorganisationen arbeiteten. Ich konnte Fragen stellen und Eindrücke sammeln.

Ich hatte viel zu wenig Zeit und wollte so viel wie möglich erfahren. So fuhr ich durch das kleine Land, besuchte die Nationalparks, machte Fotos von Tieren, die ich nur aus dem Zoo kannte, in freier Wildbahn, schwamm im Kiwusee, besuchte Memorials, die an den Völkermord erinnerten und versuchte so viel wie möglich mit Menschen zu sprechen.

Kiwusee (2007)

Am Ufer des Kiwusees trafen wir Ignatius. Er hörte uns deutsch sprechen, als er mit seinem Motorradtaxi vorbei fuhr. Dann richtete er die einzigen deutschen Worte, die er kannte, an uns und sagte: »Alles sehr gut organisiert.« Daraus entwickelte sich ein Gespräch und eine Verbindung, die bis heute anhält. Ignatius ist Kongolese, seine Frau, die er in Goma kennen gelernt hatte, ist Tutsi aus Ruanda. Während des Völkermords war sie im Kongo. Ihre gesamte Familie wurde in Ruanda getötet. Ignatius hatte damals 4 Kinder, inzwischen sind es sieben.

Die Familie hat uns 2007 ganz einfach als Großeltern für die Kinder adoptiert, was natürlich eine große Ehre, aber auch eine Verpflichtung für uns war und ist. Ignatius brachte uns zu einem entlegenen, sehr weitläufigen Flüchtlingslager. Die Flüchtlinge, die dort leben, seien aus dem Kongo geflohen, so wurde uns berichtet.

Blick auf ein Flüchtlingslager oberhalb des Ost-Ufers des Kiwusees (2012)

Wir durften nicht in das Lager, aber Ignatius kannte einen Lehrer, der dort unterrichtete. Er war mit ihm zur Schule gegangen. Der Lehrer erwartete uns am Eingang des Flüchtlingslagers, er erzählte uns über das Leben dort. Viele Menschen seien im Lager geboren, sie würden nichts anderes kennen. Wenige schafften es, außerhalb eine Arbeit zu finden und das Lager zu verlassen. Von Hilfsorganisationen werden die Menschen dort mit dem Nötigsten versorgt. Schwere Krankheiten können nicht behandelt werden, und schon eine Blinddarmentzündung könne zum Tod führen. Zwei Jahre später war das Lager weiter gewachsen und der Zugang war weiträumig abgesperrt. Die kleinen weißen Hütten schmiegten sich malerisch in die Hügellandschaft, das Leid war von weitem nicht zu erkennen.

Wir besuchten unter anderem das Memorial Murambi. Leicht war es nicht zu finden, es lag abseits der Hauptstraße, so dass wir mehrfach fragen mussten. Früher befand sich dort ein Schulzentrum mit mehreren Gebäuden. Menschen hatten sich während der Zeit der Morde hierher geflüchtet, weil ihnen gesagt wurde, sie seien hier sicher. Sie wurden fast alle an einem Tag getötet. Das Memorial liegt etwas erhöht. Es gibt dort eine Eingangshalle mit Erklärungen zum Völkermord in mehreren Sprachen und Fotos. Geht der Besucher etwas weiter, trifft er die Leichen. Die meisten liegen draußen in Massengräbern. Aber etwa 8.000 sind konserviert und liegen auf Lattenrosten in kleinen Räumen. Es ist ein diskreter Leichengeruch, der sie umgibt. Es ist nicht der intensiv faulige Todesgeruch von Aas, auch nicht der saubere mit Desinfektionsmitteln vermischte aus der Pathologie oder der mehr oder weniger intensive Geruch nach toten Tieren in den Fleischereien, der den Raum erfüllt. Es ist der feine Geruch des Todes, der ganz aus dem Inneren der toten Menschen kommt und sich hier mit dem Geruch von Chlorkalk mischt. Die Leichen sind weiß vom konservierenden Chlorkalk. Sie sind im Tod erstarrt. Die Augen sind verschwunden. Einige weisen große Zerstörungen durch äußere Gewalt auf. Einige haben noch Reste von Kleidungsstücken am Körper. Bei anderen sind Haare durch die weiße Schicht gewachsen. Ein Gesicht mit weit geöffnetem Mund scheint lautlos zu schreien. Manche Leichen sind so klein, dass sie nur kurze Zeit in der Welt der Lebenden gewesen sein können. Über allen liegt eine tiefe Stille.

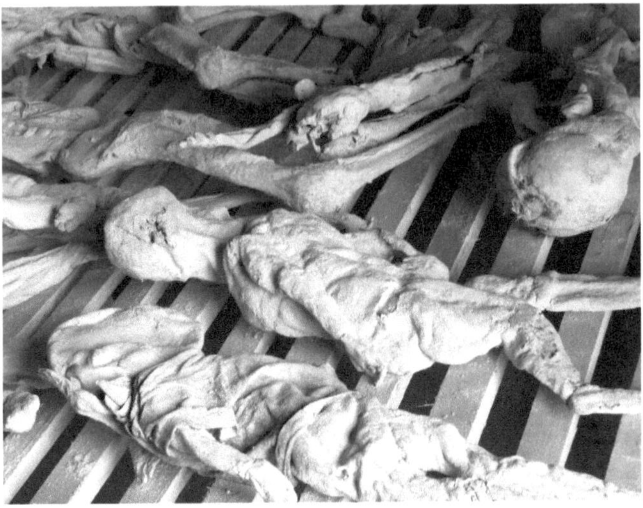

Mit Chlorkalk behandelte Leichen in einer Gedenkstätte in Süd-West-Ruanda (2005)

Wir kamen mit dem Leiter des Memorials ins Gespräch, der uns einen anderen Raum und eine schriftliche Einladung zur Gedenkstätte des Vernichtungslagers Auschwitz zeigte, die er bekommen hatte, um Ideen zur Gestaltung des Memorials zu sammeln. In dem Raum waren Kleidungsstücke der Ermordeten zu sehen. Das Blut auf ihnen hat sich im Laufe der Jahre verfärbt. Bräunlich-grüne große Flecken, die auf den ehemals wohl farbenfrohen Tüchern zu sehen waren, zogen meine Gedanken in das unbeschreibliche Grauen ihres Ursprungs. Gleichzeitig lag für mich die Verbindung zu Konzentrationslagern im Raum. Die Berge von Schuhen, Brillen und anderen Gegenständen, die einmal zu lebendigen Menschen gehörten, wurden zu quälenden Bildern in meinem Kopf. Ich glaube, ich habe mich in den Gedenkstätten der Konzentrationslager immer schuldig gefühlt, weil ich mich nicht

Kleider von Ermordeten (2005)

schuldig fühlen konnte, es aber als im Raum stehende Verpflichtung gespürt habe.

Ich fragte den Inhaber eines deutschen Supermarktes in Kigali, der während des Völkermords in Ruanda geblieben war, nach seinen Erinnerungen. Er antwortete, er spreche nicht darüber. Nachdem fast zeitgleich mit dem Völkermord in Ruanda mitten in Europa ein unbeschreiblich grausames Gemetzel ausbrach, habe er keine Worte mehr.

Diese quälend schmerzhafte Wortlosigkeit war hier allgegenwärtig.

Sylvain

Ich fragte Menschen, mit denen ich zusammen kam, nach den Ureinwohnern des Landes, den kleinen Menschen, den Batwa, die nicht zu den Tutsi oder Hutu gehören. Ich hatte über diese Menschen gelesen und wollte wissen, wie sie leben. So lernte ich Sylvain kennen. Er kannte den Lebensraum einer größeren Gruppe und hatte Kontakt zu ihnen. Wir besuchten diese Gruppe der Batwa, die an einem entlegenen Ort in den Bergen in unvorstellbarer Armut leben. Wir fuhren mit einem Jeep über sehr schlechte unbefestigte Straßen zu ihrem Siedlungsgebiet.

Bei unserem ersten Besuch wohnten die Bewohner dieser Gruppe noch überwiegend in Hütten, die nur aus Zweigen und Blättern gebaut waren. Nicht immer blieben sie stehen, wenn ein Tropengewitter über sie hinweg zog. Die Menschen waren neugierig, als wir ankamen. Sie kamen uns offen entgegen, sie

Batwa-Frau mit Baby in Süd-Ruanda (2005)

sangen, tanzten und zeigten uns ihre Koch- und Schlafstellen. Sie fertigten Tontöpfe an, die sie uns zum Verkauf anboten. Ihrer ansteckenden Fröhlichkeit gelang es zunächst die Not, in der sie lebten, zu verstecken. Arm aber glücklich, wie es so schön heißt, hätte man denken können, wenn da nicht die Frau, die vor Schmerzen wimmerte, auf der Erde gelegen hätte. Ihr Bein war geschwollen und heiß, laufen konnte sie nicht, aber weg wollte sie auch nicht, schon gar nicht in ein Krankenhaus, denn dann wären ihre kleinen Kinder allein gewesen. Der Vater der Kinder sei im Gefängnis, sagte man uns.

Im Laufe der Jahre hatte Sylvain der kleinen Dorfgemeinschaft geholfen, Lehmhütten zu bauen, die nicht bei Regen und Wind zusammenfallen. Er hatte eine Wasserstelle geschaffen und Bohnen, Mais und Avocados mit den Menschen angebaut und er hatte erreicht, über die zuständige Gemeinde eine Krankenversicherung für die kleine Gemeinschaft zu bekommen.

Sylvain hatte sich über die Lieder von Bob Marley Englisch beigebracht. So konnten wir miteinander sprechen. Ich hatte viele Lieder von Bob Marley auf meinem MP3-Player, lieh ihm einen Kopfhörer und so hatten wir gleich eine Verbindung. In den vergangenen sechs Jahren hat sich durch weitere Besuche und regelmäßige E-Mail-Kontakte ein freundschaftliches Verhältnis zwischen uns und Sylvain entwickelt.

Sylvain war 16 Jahre alt, als in seinem Heimatland mindestens 800.000 Menschen innerhalb von drei Monaten ermordet wurden. Geboren wurde er in einer entlegenen ländlichen Gegend im Bezirk Gitarama. Er erzählte mir, er habe den ersten weißen Menschen im Alter von acht Jahren gesehen. Es sei ein Priester gewesen. Er habe ihm mit dem Daumen auf die Stirn gedrückt und gesagt, er nehme damit alle Sünden von ihm. Dieser Mann sei ihm wie ein Gott vorgekommen. Später sei er von seinem Vater auf eine katholische Schule geschickt worden.

Er habe als jüngster Sohn der Familie Priester werden sollen. Aber durch das, was er dort gesehen und erlebt habe, habe er sich von der Kirche abgewandt.

Sylvain trinkt regelmäßig Bier. Nicht sehr viel, aber manchmal schon am Morgen. Er trinkt immer dann Bier, wenn er den Leichengeruch spürt. Dieser Geruch verfolgt ihn seit 1994. Damals sei er unmittelbar nach dem Ende des Mordens in die Stadt Gitarama gekommen. Die Stadt sei voller Soldaten und voller Leichen gewesen, an denen die Hunde fraßen.

Sylvain hat in den zurückliegenden Jahren sehr gute Englischkenntnisse erworben, er hat sein Studium abgeschlossen und arbeitet als freier Journalist. Durch Sylvain kam ich mit den Menschen zusammen, die ich in Ruanda zu ihren traumatischen Erfahrungen befragt habe. Er hat für mich von Kinyarwanda ins Englische übersetzt. Er begleitete mich auf den Fahrten durch Ruanda, beantwortete meine Fragen und brachte mir seine Sicht der sozialpolitischen Zusammenhänge in Ruanda näher. Die Gespräche, die ich mit Sylvains Hilfe geführt habe, möchte ich hier wieder geben.

Gespräch mit Liberée, einer 36-jährigen Frau, im September 2012

Ich bin Witwe und ich habe drei Kinder, die alle noch im Grundschulalter sind. Ich habe keine Arbeit, verdiene aber etwas Geld, wenn ich Wäsche für andere Leute wasche. Ich bin in Butare geboren. Meine Kindheit war normal, es gab nichts Ungewöhnliches vor dem Völkermord.

Ich war 16 Jahre alt, als das Schlimme begann. Ich habe meine Eltern und vier Brüder im Völkermord verloren. Ich habe mit eigenen Augen angesehen, wie mein Vater getötet wurde. Sie haben

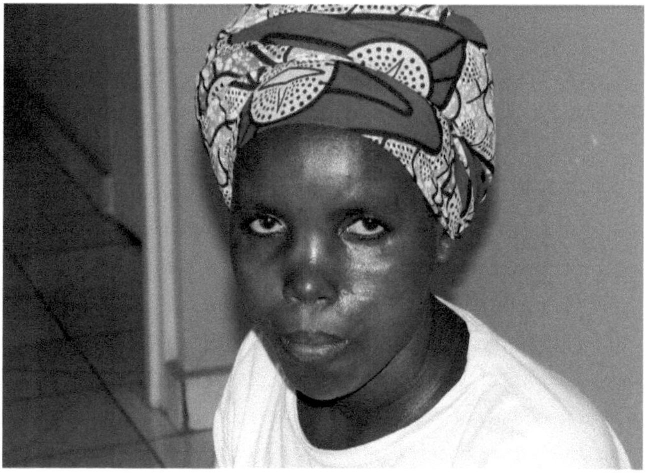

Liberée, Überlebende des Völkermordes (2012)

ihn mit einer Machete zerhackt. Ich bin mehrfach vergewaltigt worden und habe nur dadurch überlebt, dass mich ein Mann nach Burundi verschleppt hat. Später habe ich fliehen können und bin nach Ruanda zurück gekommen. Ich möchte über Einzelheiten berichten.

Als die Morde in meinem Elternhaus begannen, haben meine Nachbarn mich laufen lassen. Ich bin in den Wald gelaufen, unterwegs habe ich Mörder getroffen, die mir mit einer Machete ins Gesicht geschlagen haben. Ich konnte aber fliehen und habe mich nachts im Wald versteckt. Ich war verletzt und habe geglaubt, sterben zu müssen. Dann hat mich ein Mann gefunden. Er hat mich vergewaltigt und mich zu seiner Wohnung geschleppt, aber seine Mutter wollte mich dort nicht haben. Er hat mich dann über die Grenze nach Burundi gebracht. Dort hat er mich gefangen gehalten und sehr schlimm behandelt. Er ist auch von dort immer wieder über die Grenze nach Ruanda gegangen und hat weiter gemordet. Er war ein Hutu. Nach ungefähr einem Monat konnte ich fliehen. Als ich wieder nach Hause kam, lebte dort nur noch meine Großmutter. Ich blieb bei ihr. 1997 habe ich geheiratet. Ich habe meinen Mann nicht geliebt, aber er gab mir Sicherheit. Er war Berufssoldat. Er ist vor drei Jahren an einer Krankheit verstorben. Er hat mir ein kleines Stück Land hinterlassen.

Das erste Jahr nach dem Völkermord habe ich viel geschlafen, bin aber häufig von Albträumen gequält worden. Ich habe immer wieder von Leuten geträumt, die mich umbringen wollten. Ich habe bis heute viel Angst vor allem und jedem. Ich habe immer noch Magenprobleme. Am Anfang war da kein Mensch, der mir geholfen hat. Es gab auch keine Therapien. Erst im Jahr 2000 gab es so eine Art Psychotherapie, die etwas geholfen hat. Aber es sind Probleme geblieben. Am meisten geholfen hat mir das Bier. Jeden Tag trinke ich zwei Flaschen Bier. Das zwischenmenschliche Zusammenleben hat sich nach dem Völkermord verbessert.

Früher war ich katholisch, heute glaube ich an nichts mehr. Bis zum heutigen Tag bin ich immer traurig und nie glücklich. Ich habe noch immer Albträume vom Krieg, dann wache ich auf und bekomme starkes Herzklopfen. Ich habe keine Hilfe von der Regierung oder NGO's bekommen. Meinen Kindern habe ich alles über den Tod ihrer Großeltern erzählt. Das Einzige, was mir in meinem Leben noch wichtig ist, ist die Ausbildung meiner Kinder, damit sie eine bessere Zukunft haben. Aber der Alltag ist schwer. Ich wohne in einem kleinen Haus ohne Strom und Wasser. Um in die Stadt zu kommen und etwas Geld zu verdienen, muss ich 1½ Stunden Fußweg in Kauf nehmen.

Liberée zeigte im Gespräch wenig Emotionen. Als ich sie direkt nach ihren Gefühlen vor dem Hintergrund ihrer Erfahrungen fragte, wirkte sie ratlos und schwieg. Dann sagte sie, das Schlimmste für sie sei gewesen, die Ermordung des Vaters ansehen zu müssen.

Nach dem Gespräch ging Liberée noch ein paar Dinge auf dem Markt einkaufen, danach brachten wir sie mit einem Jeep über fast unbefahrbare Wege zu ihrer Hütte, wo sie von ihren Kindern und zahlreichen Nachbarskindern erwartet wurde. Neugierde und Fröhlichkeit der Kinder löste die bedrückte Anspannung, die sich nach dem Gespräch bei uns festgesetzt hatte.

Gespräch mit Dusabunuremy Potraís, einem 36-jährigen ledigen Mann, im September 2012

Amarira y'unugabo atemba ajya munda – ein Mann weint nicht

Vor dem Völkermord war alles normal. Meine Mutter ist schon 1992 gestorben. Ich bin das jüngste Kind in der Familie und habe als einziger den Völkermord überlebt. Mein Vater und meine Geschwister wurden getötet. Ich habe die Ermordung von Menschen mit eigenen Augen gesehen und habe viele Tote im Fluss schwimmen sehen. Die Mörder-Milizen sind mit Uniformen und Tarnanzügen, die mit Bananenblättern geschmückt waren, gekommen. Ich habe gedacht, ich müsse sterben. Meine Familie ist auseinander gelaufen und in verschiedene Richtungen geflohen, außer mir hat keiner überlebt.

Ich habe mich am Tag im Wasser zwischen den Papyrus-Pflanzen versteckt und bin nachts weiter geflohen. Ich bin mit anderen Menschen geflohen und bin dabei oft auf Milizen getroffen, die Granaten geworfen oder mit Gewehren das Feuer eröffnet haben. Einmal konnte ich mich an einer Straßensperre damit herausreden, dass ich meinen Ausweis vergessen habe. Ich bin immer weiter gelaufen und habe viele Tote und Verwundete gesehen. Die Flüchtenden konnten einander nicht helfen. Viele Kinder konnten nicht schnell genug laufen und wurden getötet. Ich habe nicht nachgedacht; wenn hinter mir Menschen getötet wurden, habe ich nur gedacht, es war seine Zeit, wann wird meine Zeit kommen? Ich habe nichts gefühlt, ich war wie ein toter Baum, ein Stück Holz.

Insgesamt war ich sechs bis acht Wochen auf der Flucht. Da das Morden nicht an allen Orten gleichzeitig begann, konnte ich mich in Dörfern, in denen noch nicht gemordet wurde, mit etwas Nahrungsmitteln versorgen. Ich wurde schließlich von den Kagame-Rebellen befreit. Am Anfang konnte ich nicht glauben, in Sicherheit zu sein. Es hat ungefähr zwei Wochen gedauert, bis ich es so empfinden konnte.

Nach sechs Monaten bin ich in meinen Heimatort zurück gekehrt. Es war im Januar 1995. Ich habe mein Elternhaus völlig zerstört vorgefunden. Die Bananenpflanzen waren vollkommen vernichtet. Ich habe niemanden von der Familie gesehen. Später ist mir vom Tod des Vaters und der Geschwister im Detail von anderen Flüchtlingen berichtet worden. Ich habe immer versucht, nicht daran zu denken, aber die schrecklichen Gefühle kommen hoch. Es hat mir etwas geholfen, mit anderen über meine Erlebnisse zu sprechen, die Schule zu beenden und gemeinsam mit anderen Jugendlichen etwas zu unternehmen. Die Religion spielt für mich keine Rolle mehr, ich bin Atheist. Ich habe keine Rachegefühle. Damals nach dem Völkermord hatte ich starke Hassgefühle, heute denke ich, man sollte anderen vergeben. Ich habe mich in meiner Persönlichkeit sehr verändert. Früher habe ich nie schlecht über andere gedacht und habe mich nicht um mein tägliches Leben gekümmert. Heute muss ich ständig daran denken, wie ich überleben kann. Ich wünsche mir für die Zukunft, dass sich solche grausamen Zeiten nie wiederholen. Ich fühle mich jetzt sicher und habe keine Angst. Aber manchmal kommen auch am Tage diese Albträume, manchmal auch nachts. Ich leide unter Schlaflosigkeit. Was mir hilft, ist der Alkohol, täglich trinke ich ungefähr drei große Flaschen Bier. Seit 1994 habe ich nicht mehr geweint. Ich kann nicht mehr weinen, ein Mann weint nicht. Ich wohne jetzt mit zwei anderen unverheirateten Männern zusammen. Ich lebe von Gelegenheitsarbeiten. Ich hatte noch nie eine Partnerin, ich habe mich nie verliebt.

Gespräch mit Trifina, einer 49-jährigen Frau aus einem Dorf in der Nähe von Butare, im September 2012

Ich bin in einem kleinen Dorf in den Bergen zwischen Butare und der Grenze zu Burundi in der Nähe eines Siedlungsgebietes der Batwa geboren. Meine Eltern waren sehr arm und meine Kindheit war hart. Wir waren acht Geschwister. Wir mussten auf dem Land arbeiten und täglich Wasser holen. Als Kind hatte ich eine lebensgefährliche Halsentzündung. Ich habe mich aber davon erholt. Ich habe sechs Jahre die Schule besucht, danach wurde ich auf eine Schule geschickt, wo ich Hausarbeiten lernen sollte. Mit 20 Jahren habe ich geheiratet. Mein Mann kam aus dem gleichen Dorf wie ich. Wir haben uns sehr geliebt und eine schöne Hochzeit gefeiert. Wir haben zusammen acht Kinder bekommen. Zwei sind inzwischen verstorben. Ein Kind verstarb mit einem Jahr. Ich habe drei Enkelkinder. Meine älteste Tochter ist 1981 geboren. Drei Kinder kamen nach dem Völkermord zur Welt.

Als der Völkermord begann, bin ich mit drei Kindern nach Burundi geflohen. Meine älteste Tochter war im Krankenhaus wegen einer Gehirnhautentzündung, ich musste sie zurück lassen. Mein Mann wurde auf der Flucht von mir getrennt. Leute, die aus Kigali kamen, berichteten von Killertrupps mit Macheten und Tarnuniformen mit Bananenblättern. Die meisten Mörder kamen aus anderen Städten, aber es waren auch Nachbarn unter den Mördern, was mich sehr enttäuscht und misstrauisch allen Menschen gegenüber gemacht hat.

Auf der Flucht mit meinen Kindern, von denen ich eines auf dem Rücken trug, sind wir an vielen Leichen und brennenden Häusern vorbei gekommen. An einigen Leichen war zu erkennen, dass sie durch Macheten getötet wurden. Meine Kinder fragten, warum die Menschen sterben mussten. Eine Nacht verbrachten wir bei starkem Regen im Urwald. Wir hatten große Angst. Am nächsten Tag gelang uns die Flucht nach Burundi, wo wir in einem Flüchtlingslager aufgenommen wurden. Dort habe ich auch meinen Mann wieder getroffen.

Vier Monate haben wir im Flüchtlingscamp gelebt. Wir wurden durch ein Welternährungsprogramm mit den notwendigsten Nahrungsmitteln versorgt, und bekamen notdürftige medizinische Hilfe. Den kleinen Kindern ging es dort am besten, sie konnten mit anderen Kinder spielen. Für die Erwachsenen war es schwerer, zum Beispiel konnten wir nicht, wie gewohnt, Sonntags zum Gottesdienst gehen.

Nach vier Monaten bin ich mit meinem Mann und den Kindern nach Ruanda zurück gegangen. Von meinen Geschwistern hatte nur meine älteste Schwester überlebt. Ich weiß nicht, wo und wie die anderen umgekommen sind. Meine älteste Tochter war mit anderen Patienten aus dem Krankenhaus in den Kongo geflohen, wo sie bis 1995 blieb. Kurz nach ihrer Rückkehr ist sie verstorben.

Mein Mann bekam eine Arbeit als Nachtwächter mit sehr geringem Einkommen. Bis zum Jahr 2000 wurden wir zusätzlich durch ein Welternährungsprogramm unterstützt. Medizinische Hilfe bekamen wir nur bei organischen Krankheiten, aber ich habe ungefähr vier Jahre lang an einem Gesprächskreis einer Selbsthilfegruppe teilgenommen.

Mein Mann ist 2003 an Typhus verstorben. Ich habe noch immer Albträume und sehe meine ermordeten Geschwister im Traum. Ich schlafe schlecht und habe Magenprobleme und Herzklopfen. Den Völkermord kannst du nie vergessen. Ich bin katholisch und gehe jeden Sonntag in die Kirche. Manchmal bete ich. Ich bin dankbar, dass ich mit Ihnen über meine Erlebnisse sprechen konnte.

Gespräch mit Francine, einer 48-jährigen Frau, aus Butare, im September 2012

Ich bin im Distrikt von Huye in einem kleinen Dorf ca. 30 km von Butare entfernt geboren. Meine Familie war reich. Mein Vater war der Sekretär eines Bischofs. Ich hatte 4 Schwestern und 5 Brüder, davon waren zwei Diakon geworden. Drei meiner Schwestern waren Lehrerinnen. Ich selbst habe insgesamt 9 Jahre die Schule besucht und danach eine Ausbildung zur Schneiderin gemacht. Geheiratet habe ich mit 17 Jahren. Ich habe drei Kinder bekommen, 2 Mädchen und einen Jungen. Mein jüngstes Kind wurde im September 1994 geboren.

Als das Morden begann, wurden wir von unseren Nachbarn beschützt. Wir haben uns in einer Plantage versteckt gehalten, wurden aber entdeckt. Die Kinder wurden von den Nachbarn versteckt, aber mein Mann wurde vor meinen Augen ermordet. Die Mörder sagten zu mir: »Dich töten wir nicht, du bist hochschwanger, du wirst sowieso sterben.« Ich flehte sie an mich auch zu töten, sie waren dann ganz konfus und jagten mich weg. Danach habe ich mich mit meinem Vater und Geschwistern in einem verlassenen Haus versteckt. Nachts haben wir Bananen gesucht, um etwas zu essen zu haben. Wir haben großen Hunger gehabt. Nach einer Woche sind wir von Mördern, die Geräusche aus dem Haus gehört hatten, entdeckt worden. Meine Schwestern und mein Vater sind ermordet worden. Ich habe wieder darum gefleht, auch getötet zu werden, aber man hat mich weggeschickt. Ich bin dann mit meinem jüngsten Kind in ein Priesterzentrum, in dem mein Vater früher Verwaltungschef war, geflüchtet. Dort waren schon viele Flüchtlinge. Einen Tag später kamen Milizen und warfen Granaten. Es gab viele Tote. Mir gelang schließlich mit Hilfe eines Bekannten die Flucht nach Burundi. Mein ältestes Kind war bei Nachbarn geblieben, die später auch flüchten mussten. Im Flüchtlingslager, wo dann mein drittes Kind geboren wurde, sind wir wieder zusammen gebracht worden.

Im Lager arbeiteten zwei deutsche Nonnen: Schwester Trinada und Schwester Dina. Im Juli 1994 gingen viele Flüchtlinge zurück nach Ruanda. Ich wollte nicht zurück. Ich habe im Lager eine Arbeit als Schneiderin bekommen. Nach dem Ende des Völkermordes kamen immer noch neue Flüchtlinge, darunter auch Nachbarn, die vom Schicksal der Verwandten berichteten. Außer mir hat nur eine Schwester den Völkermord überlebt. Meine Eltern, meine Brüder und zwei Schwestern sind ermordet worden.

1997 wurde das Lager Kiowonza Bugabira aufgelöst und wir wurden vom Roten Kreuz nach Ruanda zurück gebracht. Ein Bürgermeister und ehemaliger Lehrer hatte mich überredet, in meinen Wohnort zurück zu kommen. Es sei sicher dort. Aber mein Haus war zerstört und so musste ich mit meinen Kindern in einem Flüchtlingsheim leben. Bis heute habe ich kein eigenes Heim. Die Regierung musste später das Flüchtlingshaus verkaufen. Jetzt wohne ich in einem verfallenen Haus.Eins meiner Kinder ist inzwischen verheiratet, das Jüngste wohnt noch bei mir. Ich leide sehr unter der materiellen Unsicherheit. Ich verdiene etwas Geld, wenn ich für andere Leute putze, aber seit einer Rückenverletzung habe ich starke Schmerzen und kann nur mit einem Stock laufen. Unterstützt fühle ich mich durch meine Kirchengemeinde, die ich regelmäßig besuche. Ich habe bis jetzt schreckliche Albträume. Es ist heute das erste Mal, dass ich über meine Erlebnisse zusammenhängend gesprochen habe.

Francine wohnte in einer Hütte unweit unseres Hotels. Jedes mal, wenn ich dort vorbei kam, fragte ich mich, was sie jetzt wohl fühlt und denkt. Ob sie genug zum essen hat, ob sie gerade unter Schmerzen leidet und immer fühlte ich mich ein wenig schuldig, weil ich nicht wusste, wie ich ihr helfen könnte und immer nur vorbei gegangen bin.

Gespräch mit Innocent, einem 36-jährigen Mann aus Butare, im September 2012

Ich bin 1976 in Butare geboren. Wir waren Zuhause 5 Geschwister, drei Jungen und 2 Mädchen. In meiner Kindheit war ich glücklich und zufrieden. Meine Familie war reich. Ich ging gerne zur Schule und war ein guter Schüler. Ich war auch sehr aktiv und neugierig. Ich habe viel gelesen, Konzerte besucht und war an Fußball interessiert. 1990 bin ich zur Oberschule gegangen, ich wollte Biochemie studieren.

1990 begannen aber auch bereits Kriegshandlungen. 1992 bin ich nach Burundi geflohen. Ich lebte dort in einem Flüchtlingslager. Dort wurde ich von der RPF rekrutiert und musste der RPF beitreten. Das Ziel war, Ruanda von dem herrschenden Regime zu befreien und die Rückkehr aller Flüchtlinge zu ermöglichen. Alles, was von mir in der Armee verlangt wurde, war für mich unerträglich schwer, ich war ja noch fast ein Kind. Da ich aber über eine gute Bildung verfügte, machte man mich bald zum Kommandeur und Kämpfer in der ersten Frontlinie. Es war eine kurze, schwere Ausbildung. Die Kämpfer in der zweiten Frontlinie hatten vor allem die Aufgabe, zurück weichende Kameraden der ersten Linie zu erschießen. Ich kann mich nicht an alles erinnern. Als ich schießen musste, habe ich am Anfang nicht hin gesehen, ich habe auf dem Bauch liegend den Arm vor das Gesicht gehalten und einfach geschossen. Später habe ich sehr viele Tote gesehen, auch tote Kameraden. Das Schießen wurde so normal wie Wasser trinken. Am Anfang habe ich daran gedacht zu desertieren, aber es gab keine Möglichkeit. Das Essen war knapp und schlecht. Mein schlimmstes Erlebnis war, meinen Schulfreund an einer Diarrhö sterben zu sehen.

Im Juli war ich mit der siegreichen RPF in Kigali angekommen. Ich dachte an meine Eltern in Butare und wusste nicht, ob sie noch am Leben waren. Ich habe mich durch den Krieg total traumatisiert gefühlt und habe schon während der Kriegshandlungen angefangen zu trinken. Ich erfuhr dann, dass meine Eltern in Butare seien, und bekam die Erlaubnis, sie zu besuchen. Meine Eltern habe ich gefunden, aber meine Großeltern und die Geschwister meiner Eltern waren alle ermordet.

Nach der Einnahme Kigalis gab es viele Flüchtlinge in Richtung Kongo. Tagsüber ließen wir die Flüchtlinge in Ruhe, nachts holte man Gruppen heraus, um sie zu kontrollieren und im Zweifel zu liquidieren.

Danach begannen meine persönlichen Probleme. Ich habe immer mehr getrunken. Die Armee habe ich 1999 verlassen. Ich wollte studieren, aber mein ganzes Denken und Fühlen war von der Armee beherrscht. Ich wurde von der Universität verwiesen, ich habe alles gesoffen, was ich bekommen konnte. Ich wurde sehr, sehr aggressiv. In diesem Zustand kam ich nach Hause. Ich habe Geschirr zerschmissen, meinen Vater angegriffen, Sachen von meinen Eltern gestohlen, um an Alkohol zu kommen. Wegen Volltrunkenheit war ich zwei Tage im Krankenhaus. Ich litt unter Schlaflosigkeit, Albträumen, Erinnerungsbildern und Halluzinationen. Ich sah tote Körper, viel Feuer und brennende Menschen.

Im Betrieb meines Vaters tauchte ein Kunde auf, der meinem Vater den Rat gab, mich ins Gefängnis zu bringen. Ich blieb 5 Monate dort. Das Gefängnis war eine Art Umschlagplatz für

Drogen aller Art. Es wurde alles noch schlimmer. Mein Vater schickte mich dann nach Kigali zu einer weißen Ärztin. Sie kam aus Deutschland. Ich war dort zunächst sehr aggressiv, aber diese Ärztin hat mir sehr geholfen. Ich kam vom Alkohol weg und bekam eine längere psychiatrische Behandlung. Es hat insgesamt 4 Jahre gedauert. Ich habe auch Medikamente bekommen.

Heute trinke ich keinen Tropfen Alkohol mehr. Mein Leben hat sich total verändert. Ich habe eine gute Arbeit, ich handele mit Holzkohle. Ich habe eine Frau und eine vierjährige Tochter. Ich bin der deutschen Ärztin sehr dankbar, sie ist eine der wichtigsten Personen in meinem Leben, sie hat mich gerettet. Mein Plan ist, hier in Butare eine Beratungsstelle für Alkohol-Kranke einzurichten.

Gespräch mit Jeremy, einem 30-jährigen Mann aus Butare, im September 2012

Ich bin in Butare geboren, meine Eltern leben noch. Meine Kindheit war sehr hart. Ich musste schon als Kind sehr schwer arbeiten. Da bin ich eines Tages von der Schule nicht mehr nach Hause gekommen. Mit sieben Jahren blieb ich auf der Straße, weil das Leben dort leichter war als bei meinen Eltern. Zwei meiner Geschwister sind früh gestorben. Als Straßenkind hatte ich vor dem Völkermord keine Probleme. Ich habe in einem Restaurant geholfen und konnte da auch schlafen und bekam etwas zu essen.

Aber 1994 wurde es sehr schlimm. Mein Chef gehörte zu den Mördern. Ich habe niemanden getötet, aber ich habe nicht verstanden, was passierte, ich war ja noch ein Kind, ich war 12 Jahre alt. Ich habe den Mördern geholfen, die Tiere von den Getöteten zu rauben. Ich habe mit angesehen, wie Menschen ermordet wurden. Ein Mann wollte mich zwingen, auch mit zu machen. Als ich mich weigerte, hat er mir auf den Kopf geschlagen und mich so verletzt, dass ich heute noch Beschwerden habe. Ich hatte Angst, getötet zu werden, ich hätte fliehen können, fühlte mich aber nicht dazu in der Lage. Drei Straßenkinder, die auch in dem Restaurant schliefen, wurden ermordet. Mein Chef ist später in den Kongo geflohen, er ist wohl heute noch da.

Viele Jahre später wurde ich von einer Frau angezeigt, die angab, ich hätte auch gemordet. Ich wurde zu 5 Jahren Gefängnis verurteilt. Von 2003 bis 2008 war ich im Gefängnis. Die Zustände waren schrecklich. Etwa 200 Menschen schliefen auf mehrstöckigen Betten ohne Matratzen in einem großen Raum. Es gab dort sehr wenig Toiletten. Der Gestank war unerträglich Das Essen war sehr knapp und schlecht. Manchmal gab es auch längere Zeit gar nichts zu essen. Viele Menschen wurden krank, sie hatten Durchfall. Manche starben. Es war meine Aufgabe, die Leichen zu begraben. Die Aggressivität untereinander war sehr groß. Ich hatte einen Freund dort. Es war ein älterer Mann, der zu lebenslanger Haft verurteilt war. Er gab mir manchmal von seinem Essen. Ich wurde dann krank und kam in ein Hospital. Von dort wurde ich unerwartet in die Freiheit entlassen, weil sich Zeugen gemeldet hatten, die mich entlasteten. Die Frau, die mich beschuldigt hatte, hat mich später um Verzeihung gebeten. Ich habe ihr verziehen.

Heute geht es mir besser, ich habe eine Arbeit, ich habe eine Frau und eine Tochter.Aber ich habe unter Albträumen gelitten, die jetzt nur noch hin und wieder auftreten. Manchmal habe ich geweint, was mir etwas geholfen hat. Ich habe viel mit meiner Frau über die schlimmen Erlebnisse gesprochen.

Die Gespräche mit den Menschen in Butare wühlten mich auf und lösten widersprüchliche und und schmerzhafte Gefühle aus. Sie erschöpften mich körperlich, was ich auch bei den Menschen spürte, die ihre Geschichte erzählten. Einerseits zeigten sie Dankbarkeit, dass ihnen zugehört wurde, andererseits wurde in nicht verheilten Wunden gebohrt und über allem lag, obwohl gesprochen wurde, diese quälende Sprachlosigkeit des Grauens, für das es keine Worte gibt.

Ich wollte wissen, wo Sylvain geboren wurde und wo er aufgewachsen ist.

Ich wollte seinen Vater kennen lernen, die Landschaft seiner Kindheit erleben und etwas über den Alltag der Menschen dort erfahren.Also fuhren wir in diese ländliche Gegend, wo es keinen Strom und also auch kein Fernsehgerät gibt. Der Tagesablauf

Sylvain in seinem Geburtsort (2012)

wird vom Tageslicht bestimmt. Das Wasser wird vom Fluss geholt und gekocht wird auf dem offenen Feuer. Das Lehmhaus war geräumig, es hatte einen großen Innenhof. In einigen Gebäudeteilen waren die Tiere untergebracht.

Sylvain erkläre mir: »Die Tiere sind unsere Freunde. Wir trinken ihre Milch und essen Eier, aber wir töten und essen nicht die Tiere, die mit uns leben. Die werden an andere verkauft. Wir essen das Fleisch von anderen Tieren, aber nicht von denen, die mit uns unter einem Dach leben.« Sylvains Vater saß auf einem einfachen Bambusstuhl, der sich nicht von den anderen Stühlen im Raum unterschied. Aber es war sein Stuhl. Er stand immer an der gleichen Stelle und nur der Hausherr durfte auf ihm sitzen, das war ein ungeschriebenes Gesetz. An der Wand hing ein Foto von Sylvains Mutter. Sie war vor wenigen Jahren plötzlich gestorben. Sie ist neben dem Wohnhaus begraben.

In dieser Gegend wachsen überwiegend Bananen. Aus Bananen wird Wein gemacht. Kurz nachdem wir angekommen waren, kamen auch Nachbarn. Es wurde gekocht, gegessen, erzählt und viel Bananenwein getrunken.

Unter den Besuchern war auch Ann-Marie, sie erzählte ihre Geschichte.

Gespräch mit Ann-Marie, einer 60-jährigen Frau aus einem ländlichen Gebiet der Provinz Gitarama, im September 2012

Ich bin im Dorf geboren. Wir waren zu Hause acht Geschwister. Die Mädchen durften nicht zur Schule gehen, das hat mein Vater so entschieden. Ich habe also weder Lesen noch Schreiben gelernt. Mein Vater hat auch bestimmt, dass ich heiraten sollte.

Ich glaube, damals war ich 14 Jahre alt, aber genau weiß ich das nicht mehr. Auch der Mann wurde für mich ausgesucht und ich war am Anfang der Ehe sehr unglücklich. Mein erstes Kind kam bald nach der Heirat, aber es verstarb kurz nach der Geburt. Insgesamt habe ich neun Kinder geboren. Mein Mann gehörte zu einer anderen Ethnie als ich, er war Tutsi und wollte, dass

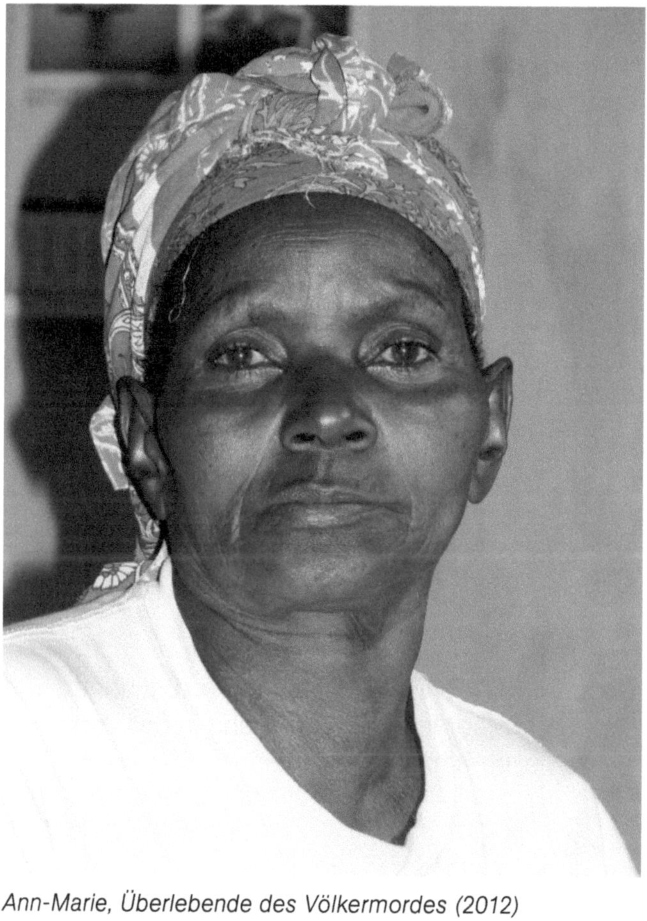

Ann-Marie, Überlebende des Völkermordes (2012)

unsere Kinder mit seiner ethnischen Zugehörigkeit eingetragen wurden. Wir lebten damals im Osten Ruandas an der Grenze zu Tansania. Es gab dort viel Gewalt. Kinder wurden geschlagen und einigen Menschen wurden die Hände abgehackt. Mein Mann war politisch aktiv, er wurde zwei Jahre vor dem Völkermord vergiftet. Als der Völkermord begann, lebte ich wieder hier im Dorf. Die Nachbarn haben hier zusammen gehalten, aber die Mörder kamen über die Berge. Wir haben unsere Hütten verlassen, um uns in den Bergen zu verstecken. Wir mussten uns aber immer wieder mit Nahrungsmitteln versorgen.

Die Mörder kamen zu mir, als ich mit zwei meiner Kinder zusammen war, die anderen hatten sich verstecken können. Meine Kinder haben geschrien: »Mama hilf mir« und sich an mich geklammert. Aber sie haben auf meine Kinder eingeschlagen. Die Mörder haben zu den Kindern gesagt: »Sagt auf Wiedersehen zu eurer Mutter.« Ein Kind wurde in meinem Beisein getötet und das andere so schwer am Kopf verletzt, dass es bis heute schwer behindert ist. Auch ich wurde geschlagen, ich sollte das Versteck der anderen verraten. Es ist das Schlimmste, was einer Mutter passieren kann, die Gewalt an den eigenen Kindern mit anzusehen und nichts dagegen tun zu können. Diese Gefühle kann ich nicht beschreiben.

Am folgenden Tag berichtete uns Sylvains Vater über sein Leben.

Gespräch mit Sylvains Vater, einem 76-jährigen Mann aus einer ländlichen Gegend in der Provinz Gitarama, im September 2012

Ich bin 1936 hier in der Gegend geboren. In meiner Kindheit kannten wir noch keine Kleidung. Wir ernährten uns von Bohnen, Kartoffeln und Fleisch. Die ersten Weißen, die kamen, waren die Deutschen, danach kamen die Belgier. Die Deutschen haben Eukalyptus angepflanzt und sie haben Kliniken gebaut. Ich weiß nicht mehr genau, wie viel Geschwister wir waren, wahrscheinlich zehn. Von 1941–1945 gab es hier eine große Hungersnot. Die Samen einer Pflanze wurden gesammelt und das Öl wurde für die Flugzeuge der Soldaten gebraucht.

Die beste Zeit in meinem Leben war 1958/59, damals habe ich als Lehrer gearbeitet. Von 1961 bis 1982 hatte ich eine Arbeit als Agronom. Diese wurde mir von dem alten Regime gekündigt. Damals gab es kaum Arbeitsstellen und die Löhne wurden ständig gekürzt. Mein jüngstes Kind wurde 1981 geboren. Insgesamt hatte ich zwölf Kinder mit meiner Frau. Drei sind inzwischen gestorben. Sylvain ist mein zehntes Kind.

1994 war die schlechteste Zeit in meinem Leben. Ein Sohn, der als Landschaftsschützer im Urwald gearbeitet hatte, wurde dort ermordet. Die Nachricht von seinem Tod war schrecklich. Während des Völkermordes sind wir hier mit unserem Vieh in die Berge geflüchtet. Die Berge in dieser Gegend waren noch nicht von den Mördern eingenommen. Meine Familie war zerstreut und hielt sich an unterschiedlichen Plätzen versteckt. Ich blieb drei Nächte außerhalb des Hauses, dann bin ich mit den Kühen zurück gegangen. Ich hatte eine Verletzung am Bein und wollte lieber zu Hause sterben. Als ich in mein Haus kam, habe ich es verlassen vorgefunden. Bald danach kamen die Soldaten der Befreiungsarmee und das Morden war vorüber.

Ich habe noch manchmal Albträume. Mein Bein macht mir heute noch Probleme. Ich habe eine Wunde, die nicht heilt. Als ich zur Behandlung der Wunde in die Stadt gegangen bin, blieb meine Frau alleine zurück. Sie wurde tot im Bett gefunden. Ich weiß nicht, warum sie gestorben ist. Ich habe viel Schweres erlebt, aber die Religion hat mir etwas geholfen, ich bin katholisch.

Die Situation in Ruanda war zu der Zeit, in der meine Gesprächspartner/innen traumatisiert wurden, eine extreme Ausnahmesituation, die wohl für die meisten Menschen bis heute unvorstellbar ist. Das Töten von Menschen war zum Alltag geworden und hat die Überlebenden bis heute geprägt.

Orthopädiewerkstatt zwischen Kigali und Butare (2005)

Die meisten Menschen, mit denen ich gesprochen habe, hatten keine Möglichkeit, das Erlebte therapeutisch aufzuarbeiten, die Armut ist im Vergleich mit anderen Ländern sehr groß und die Sorge um die notwendigen Nahrungsmittel, Wasser und Kleidung steht im Vordergrund. Nicht wenige suchen Erleichterung durch den Konsum von Alkohol. Einige erfahren Hilfe durch kirchliche Vereinigungen. Emotionen werden kaum gezeigt.

Das Land hat sich nach dem Völkermord verändert. Die Zuordnung zu ethnischen Gruppen wurde abgeschafft, der Umgang der Menschen untereinander soll sich nach dem Völkermord verbessert haben. Es gab viele Gerichtsverhandlungen, und ein Teil der Täter befindet sich bis heute im Gefängnis. Das traumatisierte Land versucht eine kollektive Aufarbeitung. In so genannten Gacacas, einer Art Volksgericht, wurden oft unter freiem Himmel Täter befragt und der Versuch einer Aufarbeitung der Ereignisse durchgeführt.

Gefangene auf dem Weg zum Arbeitseinsatz (2012)

Die individuelle Verarbeitung ist unter anderem von äußeren Faktoren, wie ökonomischer Sicherheit, Bildungsmöglichkeit und ›Eingebundensein‹ in ein wohlwollendes Umfeld (Familie, Freunde, Kirchengemeinde) abhängig. Diese Bedingungen waren für die meisten meiner Gesprächspartner nicht gegeben.

Gefühle in der Öffentlichkeit zu zeigen, ist in Ruanda ohnehin nicht üblich. Aber auch extrem belastende und grausame Erfahrungen wurden mir bis auf eine Ausnahme mit kaum spürbaren Emotionen geschildert.

Ruanda ist ein bevölkerungsreiches Land und die Bevölkerungszahl ist nach dem Völkermord enorm gestiegen. Es scheint, als solle neues Leben die Ermordeten ersetzen. Die ersten Kinder, die nach dem Völkermord geboren wurden, sind heute erwachsen.

Sylvain schrieb mir in einer seiner letzten E-Mails, er habe einen alten Mann getroffen, der ihn in traditioneller afrikanischer Musik unterrichte, und er wünsche sich, diese Musik später einmal in Berlin präsentieren zu können. Mit der Hoffnung, dass dieser Wunsch ohne große bürokratische Hürden in Erfüllung gehen könnte, komme ich zum Ende.

Schlussbemerkung

Seit dem Beginn meiner Gespräche mit Menschen in unterschiedlichen Kulturen, die extrem traumatische Erfahrungen gemacht haben, sind ungefähr 2 Jahre vergangen.

Die Gesprächsinhalte sind dokumentiert. Jedes einzelne Schicksal hat mich berührt und Spuren hinterlassen. Ich habe viel erfahren, aber die Beantwortung meiner Fragen ist nicht leichter geworden. Jedoch habe ich den Eindruck gewonnen, dass unterschiedliche kulturelle Einflüsse bei der Reaktion auf extreme Traumata allenfalls eine untergeordnete Rolle spielen. Die Konfrontation mit existentieller Bedrohung und extremem Leid führt bei Menschen zu physischen und psychischen Reaktionen, die individuell unterschiedlich, aber wahrscheinlich überall auf der Welt vergleichbar sind. Bei der längerfristigen Verarbeitung sind lebensgeschichtliche Hintergründe, Umwelteinflüsse und Möglichkeiten einer individuellen Perspektive und damit auch kulturelle Einflüsse eher von Bedeutung. Gerade, weil Menschen in aller Welt auch unabhängig von ihrem kulturellen Hintergrund verschieden sind, ist die Behandlung der schwerst traumatisierten Menschen schwierig. Allgemein lässt sich sagen, dass viel Geduld, Erfahrung, Einfühlungsvermögen und gleichzeitig eine wohlwollende Distanz notwendig sind, um sinnvoll zu helfen.

Am wichtigsten scheint es mir aber, traumatisierte Menschen bei einer selbst bestimmten Lebensgestaltung zu unterstützen um zu helfen, das Selbstwertgefühl wieder herzustellen und zu stärken. Äußerer Druck, willkürliche Einordnung und Einschränkung der persönlichen Lebensgestaltung wie *Residenzpflicht* und *Arbeitsverbot* schwächen die Persönlichkeit, unterdrücken noch vorhandene eigene Ressourcen und verhindern oft eine psychische Verarbeitung der erlebten Grausamkeiten und konservieren eher die Verletzungen.

Zu allen dokumentierten Gesprächen ließe sich aus analytischer und sozialpolitischer Sicht noch vieles ergänzen. Aber es ging mir in erster Linie darum, die Betroffenen selbst zu Wort kommen zu lassen.

Ankündigung einer Versammlung unter dem Motto: »El Dialogo es la Ruta!« (Der Dialog ist der Weg!), Graffiti in San Pablo, Kolumbien (Dezember 2011)

Mitte Oktober 2013 bin ich erneut in die Ost-Türkei gefahren, um mit Menschen zu sprechen, die Syrien verlassen hatten. In dem kleinen Grenzort Nusaybin gab es keine Flüchtlingscamps. Es war noch warm und trocken, so dass viele Menschen in einem kleinen Park lebten und auch nachts dort schliefen. Durch private Initiative waren einige Wohnungen angemietet worden, die den Flüchtlingen zur Verfügung gestellt wurden, die aus unterschiedlichen Gründen nicht unter freiem Himmel leben konnten. Die medizinische Versorgung der Flüchtlinge erfolgte kostenlos durch öffentliche Krankenhäuser. Wer keine Freunde oder Verwandte in der Gegend hatte, musste das nötige Geld für Nahrung auf der Straße erbetteln. Für die traumatisierten Kinder gab es weder entsprechende Hilfe noch schulische Möglichkeiten.

Eine junge Frau berichtete mir, sie sei erst vor einigen Tagen zusammen mit ihrer Schwester mit Hilfe von Schleppern über die Grenze aus einer nahe gelegenen Stadt in die Türkei gekommen. Sie habe diesen Schritt getan,weil die Kriegshandlungen auch ihren Heimatort erreicht hätten. Sie wolle etwas Geld in der Türkei verdienen und ihre beiden kleinen Kinder, die sie bei ihrer kranken Mutter zurück gelassen habe, so schnell wie möglich aus Syrien holen, aber seit zwei Tagen könne die Grenze nicht mehr passiert werden, sie könne nicht zurück und sie sei verzweifelt und wisse nicht, wie sie das Weinen der Kinder am Telefon ertragen solle. Der Vater der Kinder habe sich schon vor längerer Zeit von der Familie getrennt, um sich vor dem Krieg in Sicherheit zu bringen.

Ein Mann aus Syrien berichtete, am Schlimmsten sei das Leben hinter der Grenze für die vielen Frauen, die durch den Krieg ihre Männer verloren hätten und häufig vergewaltigt und ermordet würden, da sie den verschiedenen Gruppierungen des Bürgerkrieges schutzlos ausgeliefert seien.

Wenige Tage später berichteten die Medien in Deutschland, dass in dem von mir besuchten Grenzgebiet eine Mauer auf türkischer Seite errichtet werde.

Wie viele Menschen auf der Flucht aus dem Kriegsgebiet inzwischen im Mittelmeer ertrunken sind und wie viele noch das gleiche Schicksal erleiden werden, das wird wohl niemand erfahren.

Geschlossener türkisch-syrischer Grenzübergang bei Nusaybin (Oktober 2013)

Die erschreckende Gewalt eskaliert weiter in Syrien, Irak, Nigeria, Ukraine, Gaza, Sudan, um nur einige Länder zu nennen. Nur wenige der Menschen finden Zuflucht in Ländern, in denen sie wenigstens äußerlich zur Ruhe kommen könnten, wenn ihnen mit Mitgefühl und Wohlwollen begegnet würde und ihnen bürokratische Hürden und Ablehnung erspart blieben.

*Die mit * gekennzeichneten Namen wurden von der Autorin geändert.*

Eine (kleine) Auswahl an weiterführender Literatur

Allgemein:

Nach einem internationalen und Symposion *Medizin und Menschenrechte*, das die Türkische Ärztekammer veranstaltet hatte, ergriff die Stiftung für Menschenrechte in der Türkei (TIHV) im März 1996 die Initiative, international einheitliche Richtlinien zu erarbeiten. An diesem Protokoll arbeiteten 75 Ärzte,Psychotherapeuten, Rechtsanwälte und Menschenrechtler aus fünfzehn ver-schiedenen Ländern mit. Im August 1999 übergaben sie der UN-Hochkommissarin für Menschenrechte, Mary Robertson, das fertig ausgearbeitete *Istanbul-Protokoll.* Mitte 2004 wurde das *Istanbul-Protokoll* als Handbuch veröffentlicht und ist seither in mehreren Sprachen verfügbar.

Naher Osten, Kurdistan:

Günther Deschner: *Die Kurden – Volk ohne Staat*, Hamburg 2003

Schweigt nicht! Reportagen mit kurdischen Flüchtlingen. Herausgeber: Heyva Sor A Kurdistané. O.J. (1995?), Montagne Verlag

Zur Lage und zu den Erwartungen der kurdischen Vertriebenen, Herausgeber: Dialog-Kreis, eine Studie von Göc-Der, o.J.

Kolumbien:

Werner Hörter: *Kolumbien verstehen*, Zürich 2007 (2. Auflage)

ders.: *Kolumbien am Scheideweg: Ein Land zwischen Krieg und Frieden*, Zürich, 2013

Der Tag, an dem wir die Waffen vergruben, Guerilla-Erzählungen aus Kolumbien. Herausgeber: Peter Schultze-Kraft, Frankfurt/M., 1982

Ruanda:

Jean Hatzfeld: *Nur das nackte Leben, Berichte aus den Sümpfen Ruandas*, Gießen 2004

Esther Mujawajo, Souad Belhaddad: *Zehn Jahre nach dem Völkermord in Ruanda*, Wuppertal, 2005

Danksagung

Mein besonderer Dank gilt Hatice K., Victor R. und Sylvain M., die mir unter zum Teil sehr schwierigen Bedingungen als Übersetzer und stützende Kontaktpersonen bei den Recherchen für diese Arbeit geholfen haben.

Der größte Dank aber geht an die vom Leid betroffenen Menschen, von deren Geschichten ich einen kleinen Teil wiedergeben konnte.

Inhalt